365 méditations quotidiennes
pour éclairer votre vie

Ouvrage réalisé
sous la direction éditoriale d'Alain NOËL,
avec la collaboration de Matthieu RICARD

Si vous souhaitez être tenu(e)
au courant de nos publications,
envoyez vos nom et adresse, en citant ce livre,
aux Éditions des Presses de la Renaissance,
12, avenue d'Italie, 75013 Paris.
Et, pour le Canada,
à VUP Services Canada inc.,
1050, bd René-Lévesque Est,
Bureau 100,
H2L 2L6 Montréal, Québec.

Consultez notre site Internet :
www.presses-renaissance.fr

ISBN 2.85616.947.3

Sa Sainteté le Dalaï-lama

# 365 méditations quotidiennes
## pour éclairer votre vie

réalisé avec la collaboration
de Matthieu Ricard

*Traduit du tibétain par Christian Bruyat*

PRESSES
DE LA
RENAISSANCE

# I

# Méditations sur la vie

Ngawang Losang Gyatso, 5e Dalaï-lama,
très grand maître spirituel et souverain temporel
du Tibet, 1617-1682.

*Le cinquième Dalaï-lama.*

Peinture murale (s.d.).
Potala, Lhassa (Tibet).

Crédit : AKG – Paris

# 1

Le bon sens nous montre que la vie humaine est courte, et qu'il vaut mieux faire de notre court passage sur terre quelque chose d'utile pour soi et pour les autres.

# 2

En tant qu'humains, nous avons tous le même potentiel, à moins qu'il n'y ait une forme de retard dans l'une de nos fonctions mentales. La merveille qu'est le cerveau humain est la source de notre force et celle de notre futur, pourvu que l'on en fasse bon usage. Si nous utilisons notre merveilleux esprit humain de mauvaise façon, il ne peut en résulter que des catastrophes.

# 3

Je crois que les humains sont les êtres sensibles les plus avancés de cette planète. Les hommes ont non seulement le pouvoir de rendre leur propre vie heureuse, mais aussi celui d'aider les autres. Nous avons une créativité naturelle ; il très important d'en avoir conscience.

# 4

Paradoxalement, on ne peut être utile à soi sans l'être aux autres. Que nous le voulions ou pas, nous sommes tous liés, et il est inconcevable de ne réussir que son propre bonheur. Celui qui ne se préoccupe que de lui finit dans la souffrance. Celui qui ne se préoccupe que des autres prend soin de lui sans même y penser. Même si nous décidons de rester égoïste, soyons-le intelligemment : aidons les autres !

# 5

D'ordinaire, nous ne distinguons pas entre l'essentiel et l'accessoire. Nous passons notre vie à courir de-ci de-là après des plaisirs qui se dérobent sans cesse et nous laissent insatisfait. Nous essayons d'être heureux coûte que coûte, sans nous demander si au passage nous faisons souffrir quelqu'un. Nous sommes prêt à tout pour amasser et défendre des possessions qui ne sont ni des choses durables, ni de véritables sources de bonheur.

# 6

Notre esprit est habité par la colère, la jalousie et d'autres sentiments négatifs, sans que nous nous rendions compte que ces sentiments sont incompatibles avec la joie et la paix intérieure. L'intelligence, qui est l'apanage des humains, nous sert à ruser, à posséder davantage aux dépens des autres. Au bout du compte nous trouvons la souffrance et, ultime déraison, nous rendons autrui responsable.

# 7

Utilisons notre intelligence humaine à bon escient. Sinon, en quoi sommes-nous supérieurs aux animaux ?

# 8

Si nous voulons donner véritablement un sens à notre vie et être heureux, commençons par penser sainement. Cultivons les qualités humaines que nous possédons tous mais laissons enfouies sous les pensées confuses et les émotions négatives.

# 9

Cultivons l'amour et la compassion, ces deux choses qui donnent véritablement un sens à la vie. Le reste est accessoire. Voilà la religion que je prêche, davantage que le bouddhisme. Elle est simple. Son temple, c'est le cœur. Sa doctrine, l'amour et la compassion. Sa morale, aimer et respecter les autres, quels qu'ils soient. Laïc ou religieux, nous n'avons pas d'autre choix, si nous voulons ne serait-ce que survivre dans ce monde.

# 10

Être bon, franc, avoir des pensées positives, pardonner à ceux qui nous font du tort, traiter chacun comme un ami, secourir ceux qui souffrent et ne jamais se prendre pour supérieur aux autres : même si ces conseils paraissent trop simples, prenez la peine de voir si leur application vous rend plus heureux.

# 11

Il n'est pas nécessaire de réfléchir longuement pour constater que tous les êtres, spontanément, recherchent le bonheur et détestent souffrir. Vous ne trouverez pas même un insecte qui ne fasse pas tout pour fuir la souffrance et se sentir bien. Les humains ont en plus la capacité de réfléchir. Mon premier conseil est d'en faire bon usage.

# 12

Le plaisir et la souffrance reposent sur les perceptions sensorielles et la satisfaction intérieure. Pour nous, le plus important est la satisfaction intérieure. Elle est propre aux humains. Les animaux, à quelques exceptions près, en sont incapables.

# 13

Cette satisfaction est caractérisée par la paix. Elle prend sa source dans la générosité, l'honnêteté et ce que j'appelle le comportement moral, c'est-à-dire un comportement qui respecte le droit des autres au bonheur.

## 14

Une grande partie de nos souffrances viennent de ce que nous avons trop de pensées. En même temps, nous ne pensons pas de manière saine. Nous ne prêtons intérêt qu'à notre satisfaction immédiate, sans mesurer à long terme les avantages et les inconvénients pour nous-même ou pour les autres. Or cette attitude finit toujours par se retourner contre nous. Il est sûr et certain qu'en changeant simplement notre façon de voir les choses nous pourrions réduire nos difficultés actuelles et éviter d'en créer de nouvelles.

# 15

Certaines souffrances, comme celles de la naissance, de la maladie, de la vieillesse et de la mort, sont inévitables. La seule chose que nous pouvons faire, c'est réduire la peur qu'elles provoquent en nous. Mais nombre de problèmes dans le monde, depuis les disputes conjugales jusqu'aux guerres les plus dévastatrices, pourraient être évités en adoptant tout bonnement une attitude saine.

# 16

Si nous ne réfléchissons pas correctement, si notre vue est trop courte, nos méthodes sans profondeur, et si nous ne considérons pas les choses l'esprit ouvert et détendu, nous transformons en difficultés majeures ce qui n'était au départ que des problèmes insignifiants. En d'autres termes, nous fabriquons un grand nombre de nos propres souffrances. Voilà ce que je voulais dire pour commencer.

## 17

Que ce soit dans nos écoles de réfugiés ou au hasard de mes visites en Inde ou à l'étranger, je suis toujours content de rencontrer des jeunes. Ils sont directs et sincères, leur esprit est plus ouvert et plus souple que celui des adultes. Lorsque je vois un enfant, la première chose que je pense, du fond du cœur, c'est qu'il est mon propre enfant ou un ami de longue date dont je dois prendre soin avec amour.

# 18

Le plus important, avec les enfants, est de s'assurer que leur éducation, dans le sens le plus large du terme – c'est-à-dire l'acquisition de connaissances mais aussi le développement des qualités humaines fondamentales –, soit complète. C'est dans l'enfance que sont posées les fondations de la vie. La manière de penser que nous acquérons pendant ces années cruciales aura une influence profonde sur le cours de notre existence, de la même façon que la nourriture et l'hygiène corporelle auront un effet sur notre santé future.

# 19

Si les jeunes ne consacrent pas tous leurs efforts aux études, il leur sera difficile plus tard de combler cette lacune. J'ai pu le constater par moi-même. Il m'arrivait de ne pas m'intéresser à ce que j'étudiais et de relâcher mes efforts. Par la suite, je n'ai jamais cessé de le regretter. Je me dis toujours qu'à cette époque-là j'ai manqué quelque chose. Sur la base de cette expérience, je conseille aux jeunes de considérer la période des études comme un moment crucial de leur existence.

# 20

Dès l'enfance, il faut aussi apprendre à s'entendre et à s'entraider. Les querelles et les conflits mineurs sont inévitables, mais l'important est de s'habituer à passer l'éponge, à ne jamais garder rancune.

# 21

On s'imagine parfois que les enfants ne pensent pas à des sujets sérieux comme la mort. Mais quand j'écoute les questions qu'ils posent, je m'aperçois qu'ils réfléchissent souvent à des problèmes graves, en particulier à ce qu'il se passe après cette vie.

# 22

Durant l'enfance l'intelligence s'épanouit, l'esprit déborde d'interrogations. Ce désir intense de connaître est la base de notre épanouissement. Plus nous nous intéressons au monde et cherchons le pourquoi et le comment des choses, plus notre conscience devient claire et notre esprit d'initiative se développe.

# 23

Dans notre société moderne, nous avons tendance à nous désintéresser de ce que j'appelle les qualités humaines naturelles : bonté, compassion, esprit d'entente, capacité de pardonner. Dans l'enfance on se lie facilement. On rit une fois ensemble, et on est aussitôt amis. On ne se demande pas quel est le métier ou la race de l'autre. L'important, c'est qu'il soit un être humain comme nous, et qu'on crée des liens.

# 24

À mesure qu'on grandit, on attache de moins en moins d'importance à l'affection, à l'amitié ou à l'entraide. L'essentiel devient la race, la religion, le pays d'où on vient. On oublie le plus important et on met l'accent sur le plus dérisoire.

# 25

C'est pourquoi je demande à ceux qui arrivent à l'âge de quinze ou seize ans de ne pas laisser disparaître la fraîcheur de leur esprit d'enfant, mais de toujours lui conserver une grande place. Réfléchissez souvent à ce qui caractérise intérieurement un être humain, et profitez-en pour acquérir une confiance inébranlable dans votre propre nature, pour trouver l'assurance à l'intérieur de vous. Il est important de se rendre compte assez tôt qu'une vie humaine n'est pas une affaire facile. Pour la mener à bien et ne pas perdre courage quand des problèmes surgissent, il est indispensable d'acquérir une force intérieure.

# 26

De nos jours, on attache une grande valeur à l'individualisme, au droit de chacun de penser par soi-même sans se conformer aux valeurs imposées par la société ou la tradition. C'est une bonne chose. Mais, par ailleurs, on se nourrit uniquement d'informations venues de l'extérieur, par l'intermédiaire des médias, en particulier la télévision. Elles deviennent nos seules références, nos seules sources d'inspiration. Cette dépendance excessive nous rend incapable de nous tenir debout tout seul, de nous reposer sur nos qualités propres, et nous n'avons pas confiance en notre vraie nature.

# 27

La confiance en soi et la capacité de se tenir debout seul me paraissent essentielles pour réussir notre vie. Je ne parle pas d'une assurance stupide, mais d'une conscience de notre potentiel intérieur, une certitude que nous pouvons toujours nous corriger, nous améliorer, nous enrichir, et que rien n'est jamais perdu.

# 28

Les médias ont pour sujets favoris les vols, les crimes, les actes motivés par l'avidité ou la haine. Pourtant, on ne peut pas dire que dans le monde il ne se passe rien de noble, rien qui découle de nos qualités humaines. N'y a-t-il personne qui prenne soin des malades, des orphelins, des vieillards ou des handicapés sans désir de profit ; personne qui n'agisse par amour des autres ? Il y en a en fait beaucoup, mais nous avons pris l'habitude de penser que c'est normal.

# 29

Je suis convaincu que naturellement, au plus profond de nous-même, nous n'aimons pas tuer, violer, voler, mentir ou commettre d'autres actes négatifs, et que nous sommes tous capables d'amour et de compassion. Constatons à quel point l'affection spontanée joue un rôle crucial dans notre vie, dès la naissance. Sans elle, nous ne serions plus en vie depuis longtemps. Observons comment nous nous sentons bien quand nous sommes entouré par l'amour des autres, quand nous éprouvons nous-même de l'amour, et comment, au contraire, nous sommes mal dans notre peau quand la colère ou la haine nous envahissent.

# 30

Les pensées et les actes d'amour sont clairement favorables à notre santé mentale et physique. Ils sont conformes à notre véritable nature. Les actes violents, cruels, haineux, au contraire, nous surprennent. C'est pourquoi nous ressentons le besoin d'en parler et ils font la une des journaux. Le problème est que, peu à peu, insidieusement, nous en arrivons à penser que la nature humaine est mauvaise. Un jour peut-être nous nous dirons qu'il n'y a plus le moindre espoir pour l'homme.

# 31

Je trouve donc qu'il est essentiel de dire aux jeunes : reconnaissez les qualités humaines qui sont naturellement présentes en vous. Bâtissez sur elles une assurance indéfectible, et sachez vous tenir sur vos propres pieds !

# 32

Certains jeunes commencent leur vie sans savoir ce qu'ils veulent. Ils entreprennent un métier, ne le trouvent pas à leur goût, le quittent, en prennent un autre, le quittent à nouveau, et finissent par tout abandonner en se disant que rien ne les inspire.

Si vous êtes dans ce cas, rendez-vous compte qu'il n'y a pas de vie sans difficulté. N'espérez pas que tout va soudain vous réussir et que les problèmes s'évanouiront par miracle.

# 33

Quand vous cherchez un travail après avoir fait des études, choisissez en fonction de votre nature, de vos connaissances, de vos capacités, de vos intérêts, peut-être de votre famille, de vos amis ou de vos relations. Il est peut-être judicieux d'apprendre un métier que d'autres exercent déjà autour de vous. Vous bénéficierez de leurs conseils et de leur expérience. Prenez en compte tous les critères, envisagez les possibilités qui correspondent le mieux à votre situation, et faites un choix. Ce choix fait, tenez-vous-y. Même si vous rencontrez des problèmes, soyez déterminé à les surmonter. Ayez confiance en vous et mobilisez toute votre énergie.

## 34

Si vous envisagez les différents métiers qui s'offrent à vous comme des plats auxquels vous goûtez l'un après l'autre du bout des doigts, vous aurez peu de chance de réussir. Dites-vous qu'un jour ou l'autre il est nécessaire de prendre une décision et qu'il n'existe rien, dans ce monde, qui ne soit absolument sans inconvénient.

## 35

Je pense parfois que nous nous comportons comme des enfants gâtés. Quand nous sommes tout petit, nous dépendons entièrement de nos parents. Puis nous allons à l'école, on nous éduque, on nous nourrit, on nous habille, et tout le poids de nos problèmes continue de reposer sur les autres. Lorsque enfin arrive le moment où nous sommes capable de prendre en charge notre existence, de porter notre propre fardeau, nous nous imaginons que tout va se passer facilement ! Cette attitude est en contradiction avec la réalité. Dans ce monde, tous les êtres, sans exception, connaissent des difficultés.

## Méditations sur l'âge adulte

## 36

Le métier que nous faisons, c'est le moyen de gagner notre vie, mais c'est aussi notre contribution à la société dont nous sommes dépendants. Il y a d'ailleurs entre la société et nous une action réciproque. Si la société prospère, nous en profitons, et si elle se porte mal, nous en pâtissons. Notre communauté exerce à son tour une influence sur celles qui nous entourent, et finalement sur l'humanité entière.

# 37

Si les habitants de la région où vous vivez prospèrent économiquement, cette prospérité aura certainement un effet favorable sur tout le pays. L'économie de la France est à son tour liée à celle de l'Europe, et celle de l'Europe à celle du monde. Nos sociétés modernes dépendent étroitement les unes des autres, et le comportement de chacun a une influence sur celui de tous. Je pense qu'il est indispensable d'en prendre conscience.

# 38

En disant que la bonne santé de la société se répercute naturellement sur chacun de nous, je ne sous-entends pas qu'il faut sacrifier son bien-être personnel à celui du groupe. Je dis simplement que les deux sont inséparables. De nos jours, nous pensons que le sort de la société et celui de l'individu sont deux choses distinctes. C'est l'individu qui importe, pas la communauté. Si l'on agrandit un peu son champ de vision, on voit que sur le long terme cette attitude n'a pas de sens.

# 39

Le bonheur et le malheur des humains ne reposent pas uniquement sur la satisfaction des sens. Ils ont aussi, et surtout, une composante mentale. Ne l'oublions pas. Si vous possédez une belle maison bien meublée, une voiture luxueuse dans le garage, de l'argent à la banque, une position sociale élevée et la reconnaissance des autres, il n'est pas du tout garanti que vous soyez heureux pour autant. Même si vous devenez milliardaire, est-ce que le bonheur sera automatiquement au rendez-vous ? Il est permis d'en douter.

# 40

Le plaisir profond que procurent une peinture ou une œuvre musicale montre le rôle important, chez les êtres humains, de la satisfaction intérieure par opposition aux plaisirs plus grossiers des sens ou à la possession d'objets matériels.

Néanmoins, cette satisfaction repose pour une grande part sur les perceptions de l'ouïe ou de la vue, et ne peut donc fournir qu'un bien-être temporaire, qui n'est pas fondamentalement différent de celui que procure une drogue. À la sortie du musée ou du concert, le plaisir artistique s'arrête et fait place au désir de le renouveler. On n'atteint jamais le véritable bonheur intérieur.

# 41

L'essentiel est le contentement intérieur. Ne renoncez pas aux nécessités les plus élémentaires. Nous avons tous droit au minimum. Nous en avons besoin, et nous devons nous assurer que nous l'obtenons. Si pour cela il faut contester, contestons. S'il faut faire la grève, faisons-la. Mais ne tombons pas dans une attitude extrême. Si intérieurement nous ne sommes jamais satisfait et voulons toujours plus, nous ne serons pas heureux, il nous manquera toujours quelque chose.

# 42

Le bonheur intérieur n'est pas assujetti aux circonstances matérielles ou à la satisfaction des sens. Il prend sa source dans notre propre esprit. Reconnaître l'importance de ce bonheur-là est capital.

# 43

Lorsqu'on est vieux, si l'on n'a aucune croyance religieuse, l'important est de reconnaître que les souffrances fondamentales – la naissance, la maladie, la vieillesse, la mort – font partie intégrante de la vie. À partir du moment où l'on a pris naissance, on ne peut éviter de vieillir et de mourir. C'est ainsi. Il ne sert à rien de se dire que ce n'est pas juste, que ce devrait être différent.

## 44

Selon le bouddhisme, la chance de pouvoir vivre longtemps est due à nos mérites passés. Même si vous n'êtes pas bouddhiste, pensez à ceux qui meurent jeunes, et réjouissez-vous d'avoir eu une vie longue.

# 45

Si la première partie de votre vie a été bien remplie, souvenez-vous que durant ce temps vous avez apporté votre contribution à la société, que vous avez fait une œuvre utile avec une intention sincère. À présent, vous n'avez rien à regretter.

## 46

Si vous avez une croyance religieuse, priez ou méditez en fonction de votre foi. Si votre esprit est clair, réfléchissez, vous aussi, au fait que la naissance, la maladie, la vieillesse et la mort font partie de toute vie humaine et sont inéluctables. Le reconnaître et l'accepter pleinement permettent de vieillir de façon plus sereine.

# 47

Je vais bientôt avoir soixante-sept ans. Si de temps à autre je n'acceptais pas, au fond de moi, que mon corps physique a vieilli de tout ce nombre d'années, j'aurais du mal à accepter ma condition. Quand vous êtes vieux, prenez conscience, sans vous leurrer, de ce que cela veut réellement dire, et essayez d'en tirer le meilleur parti.

# 48

Demandez-vous ce que vous pouvez apporter à cette société dont vous dépendez encore. Avec les connaissances que vous avez acquises, vous pouvez certainement être plus utile aux autres que ceux qui n'ont pas vécu aussi longtemps que vous. Racontez votre histoire à votre famille et à vos proches, partagez avec eux vos expériences. Si vous aimez la compagnie de vos petits-enfants, tout en vous occupant d'eux transmettez-leur votre savoir et contribuez à leur éducation. Surtout ne soyez pas comme ces vieillards qui se lamentent et se querellent à longueur de journée. Ne gaspillez pas ainsi votre énergie. Vous ne plairez à personne et votre vieillesse deviendra une véritable épreuve.

# II

# Méditations
# sur les situations de la vie

Peinture tibétaine sur *thangka*
(« parchemin »).

*Sthviras*.

Crédit : AKG – Paris

# 49

Les hommes et les femmes se distinguent bien sûr physiquement, et cela entraîne aussi quelques différences sur le plan émotionnel. Mais leur façon de penser, leurs sensations et tous les autres aspects de leur personne sont foncièrement les mêmes. Les hommes sont plus aptes à faire des travaux de force ; les femmes semblent plus efficaces dans les tâches qui exigent une pensée claire et rapide. Hommes et femmes sont la plupart du temps sur un pied d'égalité dans les domaines où la réflexion joue un grand rôle.

# 50

Puisqu'il n'y a pas de différences fondamentales entre hommes et femmes, il va de soi qu'ils ont les mêmes droits et que toute discrimination est injustifiée. De plus, les hommes ont autant besoin des femmes que les femmes des hommes.

Là où leurs droits sont bafoués, les femmes doivent les revendiquer et les hommes doivent soutenir leur combat. Je milite moi-même en Inde depuis vingt ans pour que les femmes puissent, entre autres, poursuivre des études et occuper des postes à tous les niveaux de la société au même titre que les hommes.

# 51

Selon le bouddhisme, hommes et femmes possèdent sans la moindre différence ce qu'on appelle la nature de bouddha, ou potentiel de l'Éveil. Ils sont donc, en essence, parfaitement égaux.

# 52

Dans certaines traditions une ségrégation a toujours eu lieu. Mais elle avait surtout des causes sociales et culturelles. Nāgārjuna[1], dans sa *Précieuse Guirlande*, et Shāntideva[2], dans le *Bodhicaryāvatāra*, parlent des « défauts du corps des femmes ». Cependant, leur intention n'était pas de montrer que les femmes sont inférieures. Il se trouvait que la plupart de ceux qui avaient prononcé les vœux monastiques étaient des hommes. Les défauts décrits avaient pour seul but d'aider ces hommes à vaincre leur désir pour le corps féminin. Une nonne doit bien sûr faire une analyse semblable du corps des hommes.



1. Nāgārjuna, IIe siècle, l'un des principaux exégètes de la pensée du Bouddha, fut à l'origine du Mādhyamika, ou Voie médiane, l'un des deux grands courants de pensée du Mahāyāna. *(N.d.T.)*

2. Shāntideva, grand maître bouddhiste, poète et philosophe indien du VIIIe siècle, exposa dans son célèbre *Bodhicaryāvatāra* ce que doit être la conduite du bodhisattva, celui qui désire atteindre l'Éveil pour libérer tous les êtres de la souffrance. *(N.d.T.)*

# 53

Dans les pratiques les plus élevées du Vajrayāna[1], non seulement on n'opère aucune ségrégation entre les hommes et les femmes, mais l'élément féminin joue un rôle essentiel, au point que le mépris envers les femmes est considéré comme une transgression des préceptes.

1. Le Vajrayāna est l'un des trois véhicules – ou voies – bouddhistes, les deux autres étant le Hīnayāna (Petit Véhicule) et le Mahāyāna (Grand Véhicule). Le Vajrayāna, ou Véhicule adamantin, est appelé ainsi car il décrit la nature ultime des êtres et des choses, indestructible et immuable, comparée au diamant. Il se caractérise, entre autres, par une grande variété des moyens habiles permettant d'atteindre l'Éveil de façon rapide. *(N.d.T.)*

## 54

La famille est la cellule la plus fondamentale de la société. Si la paix et les valeurs humaines y règnent, non seulement les parents vivront heureux et sans tension, mais aussi leurs enfants, leurs petits-enfants et peut-être les générations suivantes. S'ils ont foi dans une religion, leurs enfants s'y intéresseront naturellement. S'ils parlent poliment, se conduisent de façon morale[1], s'aiment et se respectent l'un l'autre, aident ceux qui sont dans le besoin et se préoccupent du monde qui les entoure, il y a de fortes chances pour que leurs enfants fassent de même et se conduisent eux aussi en personnes responsables. À l'inverse, si le père et la mère se battent et s'invectivent sans cesse, s'ils font tout ce qui leur passe par la tête et ne respectent pas les autres, non seulement ils ne pourront jamais être heureux, mais leurs enfants subiront irrésistiblement leur influence.



1. Se conduire de façon morale, au sens bouddhiste où l'entend le Dalaï-lama, c'est s'abstenir de faire quoi que ce soit qui nuise aux autres. *(N.d.T.)*

# 55

En tant que bouddhiste, je dis souvent aux Tibétains que s'il y a véritablement un endroit où ils doivent faire un effort pour rétablir et développer l'enseignement du Bouddha, c'est précisément la famille. C'est là que les parents doivent manifester leur foi, édifier leurs enfants, se transformer en véritables guides spirituels. Qu'ils ne se contentent pas de leur montrer des images en leur disant qu'elles représentent telle ou telle déité, mais qu'ils expliquent davantage : celle-ci représente la compassion, celle-là la sagesse suprême, et ainsi de suite. Plus les parents connaîtront réellement l'enseignement du Bouddha, plus ils exerceront une influence positive sur leurs enfants. Cela est évidemment valable pour d'autres traditions spirituelles ou religieuses.

# 56

Une famille en influencera une autre, puis une autre encore, puis dix, cent, mille, et toute la société s'en portera mieux.

# 57

Lorsque certains disent que les gens ne respectent plus rien, alors que dans les sociétés peu industrialisées ils se comportent en général de façon plus responsable, il convient de nuancer ce jugement. Les régions indiennes de l'Himalaya, par exemple, sont difficiles d'accès et encore peu influencées par la technologie moderne. Il est vrai qu'on y commet peu de vols et de meurtres, et que les gens se contentent de ce qu'ils ont. Il existe même des endroits où, par tradition, on laisse la porte ouverte en partant de chez soi, pour que les visiteurs éventuels puissent s'installer et se restaurer en attendant qu'on revienne. En revanche, dans les grandes villes, comme Delhi, les crimes sont nombreux et les gens ne sont jamais contents de leur sort, ce qui crée d'innombrables problèmes. Mais à mon avis on a tort de s'en servir comme prétexte pour décider que le développement économique n'est pas souhaitable et qu'il faut revenir en arrière.

# 58

La bonne entente et le respect des autres que l'on trouve dans les sociétés traditionnelles sont souvent dictés par les impératifs de survie et le contentement par l'ignorance provisoire d'autres modes de vie possibles. Demandez aux nomades tibétains s'ils ne désirent pas être mieux protégés du froid l'hiver, avoir des réchauds qui ne noircissent pas leur tente et tout ce qu'elle contient, être mieux soignés quand ils sont malades ou voir ce qui se passe à l'autre bout du monde dans des postes de télévision. Je connais d'avance leur réponse.

## 59

Le progrès économique et technologique est souhaitable et nécessaire. Il est l'aboutissement d'un grand nombre de facteurs dont la complexité nous échappe, et il serait naïf de croire qu'en l'arrêtant soudain on résoudrait tous les problèmes. Mais il ne doit certainement pas survenir n'importe comment. Il doit s'accompagner d'un développement des valeurs morales. C'est notre devoir, à nous les humains, de réaliser ces deux tâches ensemble. C'est la clé de notre futur. Une société où coexistent le développement matériel et le progrès de l'esprit est une société qui peut véritablement être heureuse.

# 60

La famille doit jouer le rôle majeur. Si dans les familles règne véritablement la paix, si on n'y trouve pas seulement des connaissances mais de réelles valeurs morales, et qu'on y apprend à vivre de manière droite et altruiste, il devient alors possible de bâtir le reste de la société. Pour moi, la famille a une immense responsabilité.

# 61

L'essentiel est que les enfants s'y épanouissent réellement, y développent leurs qualités humaines fondamentales, que leur conduite soit noble, qu'ils aient la force d'esprit de s'entraider, se sentent concernés par ce qui les entoure et constituent un exemple pour les autres. Ces enfants, plus tard, feront bien leur métier et seront capables d'instruire la génération suivante. Même s'ils deviennent de vieux professeurs avec d'épaisses lunettes, ils auront encore les bonnes habitudes de leurs jeunes années ! C'est ce que je crois.

# 62

Pour qu'une famille puisse s'acquitter avec succès de cette tâche, il faut qu'au départ l'homme et la femme ne s'unissent pas par simple attachement à la beauté physique de l'autre, au son de sa voix ou à d'autres aspects extérieurs. Ils doivent d'abord apprendre à bien se connaître. Si chacun découvre alors dans l'autre un certain nombre de qualités et que les deux ressentent un amour réciproque, cet amour s'accompagnera de respect et de considération, et leur union aura de fortes chances d'être heureuse et durable.

# 63

Si en revanche ils sont unis par un simple désir, un attachement sexuel, un peu comme celui qu'on a pour une prostituée, sans connaître le caractère de l'autre ni éprouver pour lui du respect, ils s'aimeront tant que leur désir restera intense. Mais une fois que l'excitation de la nouveauté s'est émoussée, lorsque l'amour ne s'accompagne pas d'une estime profonde et réciproque, vivre heureux ensemble devient difficile. Ce type d'amour est aveugle. Au bout d'un certain temps il se transforme souvent en son contraire. Si le couple a des enfants, ces enfants risquent à leur tour d'être privés d'affection. Il est très important de penser à cela quand on veut vivre avec quelqu'un.

# 64

Un jour, j'ai rencontré à San Francisco un prêtre chrétien qui aidait les jeunes à se marier. Il leur disait à tous qu'ils devaient d'abord apprendre à connaître un grand nombre de garçons ou de filles, et seulement après faire leur choix. En se fiant à une seule rencontre ils risquaient de se leurrer eux-mêmes. J'ai trouvé cela très juste.

# 65

N'oubliez pas qu'à partir du moment où l'on se marie, on est deux. Même quand nous sommes seul, nos pensées du soir sont parfois en contradiction avec celles du matin. Inutile de dire qu'à deux les différences d'opinion peuvent surgir n'importe quand. Si l'un ou l'autre ne s'intéresse qu'à ses propres idées, sans prendre en compte celles de son conjoint, le couple ne peut pas fonctionner.

# 66

Dès l'instant que nous vivons avec quelqu'un d'autre, nous devons le traiter avec affection et toujours être attentif à ce qu'il pense. Chacun des deux doit aussi porter sa part de responsabilité, quoi qu'il arrive. La vie du couple ne peut pas être l'affaire d'un seul.

# 67

L'homme doit satisfaire la femme et la femme satisfaire l'homme. Si ni l'un ni l'autre ne fait ce que l'autre souhaite, la seule issue possible est la discorde et la séparation. Tant qu'il n'y a pas d'enfant, ce n'est pas une catastrophe. On se retrouve au tribunal, on remplit des formulaires, on gaspille simplement du papier. Par contre, s'il y a des enfants, ceux-ci éprouveront toute leur vie un douloureux sentiment de malaise.

# 68

De nombreux couples se séparent. Ils ont parfois de bonnes raisons, mais à mon avis il vaut mieux qu'ils fassent d'abord tout leur possible pour continuer à vivre heureux ensemble. Bien sûr, cela demande un certain nombre d'efforts et de réflexions. Si la séparation est inévitable, l'essentiel est d'agir en douceur, sans faire de mal à personne.

# 69

Si vous décidez de vivre avec quelqu'un, prenez la chose à cœur et ne vous hâtez pas. Une fois que vous vivez ensemble, réfléchissez aux responsabilités qu'implique la vie commune. Une famille est une affaire sérieuse. Faites tout pour la rendre heureuse, pourvoir à ses besoins, éduquer vos enfants et assurer leur bonheur futur.

# 70

Privilégiez la qualité plutôt que la quantité. Cette règle s'applique à toutes les situations de la vie. Dans un monastère, il est préférable d'avoir peu de moines, mais qu'ils soient sérieux. Dans une école, l'important n'est pas d'avoir un grand nombre d'élèves, mais de bien les instruire. Dans une famille, l'essentiel n'est pas d'avoir beaucoup d'enfants, c'est d'avoir des enfants sains et bien élevés.

# 71

Il y a toutes sortes de célibataires. Il y a les religieux qui ont fait vœu de chasteté et les laïcs qui ne vivent pas en couple ; les célibataires par choix et ceux qui le sont malgré eux ; les célibataires heureux et ceux qui vivent mal leur condition.

# 72

La vie de couple offre des avantages mais engendre aussi son lot de problèmes. Il faut consacrer beaucoup de temps à son conjoint, à ses enfants si on en a, rester auprès d'eux, faire face à des dépenses plus lourdes, travailler davantage, entretenir des liens avec une autre famille, etc.

# 73

Ceux qui vivent seuls ont généralement une existence plus simple. Ils n'ont qu'un estomac à remplir, leurs responsabilités sont moindres et ils sont libres de faire ce qu'ils veulent. S'ils cherchent ou suivent une voie spirituelle, ils peuvent aller où ils désirent pour les besoins de leur quête. Ils n'ont besoin que d'une valise et restent où il leur plaît le temps qu'il leur faut. Le célibat peut être un choix utile, dans la mesure où il permet de se consacrer avec plus de liberté et d'efficacité à ce qu'on veut faire.

## 74

Certains hommes restent seuls malgré leur volonté désespérée de trouver une femme. Certaines femmes meurent d'envie de rencontrer l'homme de leur vie, mais ne parviennent pas à réaliser leur souhait. Leur problème vient parfois du fait qu'ils sont trop centrés sur eux-mêmes et trop exigeants à l'égard des autres. S'ils adoptent peu à peu l'attitude inverse et s'ouvrent aux autres tout en donnant moins d'importance à leurs propres problèmes, ils appelleront naturellement une réaction positive de la part d'autrui.

MÉDITATIONS SUR LA VIE EN COMMUNAUTÉ

# 75

La vie en communauté, si elle est fondée sur le volontariat, est à mon avis une très bonne chose. Elle se justifie parce que les hommes dépendent naturellement les uns des autres. Vivre en communauté, c'est un peu vivre dans une grande famille qui répond à nos besoins.

# 76

On se joint à un groupe parce qu'on lui trouve certaines qualités. On travaille ensemble. Chacun accomplit sa tâche quotidienne et reçoit sa part de l'effort commun. Il me semble que c'est une solution pratique.

# 77

Dans tout groupe, il surgit des points de vue contradictoires. Je vois cela comme un avantage. Plus on rencontre d'opinions différentes, plus on a l'occasion d'acquérir une compréhension nouvelle des autres et de s'améliorer soi-même. Si l'on entre en lutte avec ceux qui pensent différemment, tout devient difficile. Ne nous figeons pas sur nos idées personnelles et dialoguons avec les autres dans une attitude grande ouverte. Nous pourrons ainsi comparer des opinions divergentes et faire émerger un point de vue nouveau.

## 78

Partout, dans les familles et les autres groupes sociaux, il est très important de dialoguer. Dès notre enfance, quand une querelle surgit, évitons d'avoir aussitôt des pensées négatives, de nous dire : « Comment vais-je me débarrasser de ce type ? » Sans aller jusqu'à nous demander comment lui prêter main-forte, cherchons au moins à écouter ce qu'il veut dire. Prenons cette habitude. À l'école, dans la famille, dès qu'une dispute éclate, établissons aussitôt un dialogue, et profitons de cet échange de paroles pour réfléchir.

# 79

Nous avons tendance à penser qu'être en désaccord signifie automatiquement être en conflit, et qu'un conflit se termine par un vainqueur et un vaincu, ou, comme on dit, par un orgueil humilié. Évitons de voir les choses sous cet angle. Cherchons toujours un terrain d'entente. L'essentiel est de s'intéresser tout de suite à l'opinion de l'autre. C'est sûrement quelque chose dont nous sommes capable.

MÉDITATIONS SUR LA VIE D'ABONDANCE

## 80

Quand je rencontre des gens riches, je leur dis d'habitude que, d'après l'enseignement du Bouddha, la richesse est un bon signe. C'est le fruit d'un certain mérite, la preuve qu'ils ont été autrefois généreux. Cependant, elle n'est pas synonyme de bonheur. Si elle l'était, plus on serait riche, plus on serait heureux.

# 81

En tant qu'individus, les riches ne se distinguent par rien de fondamental. Même si leur fortune est immense, ils ne peuvent pas manger plus que les autres, n'ayant qu'un estomac ; et leurs mains n'ont pas des doigts supplémentaires pour y glisser des bagues. Ils peuvent bien sûr boire les vins ou les alcools les plus raffinés, les plus chers, manger les nourritures les plus délicieuses. Malheureusement, ils nuisent ainsi souvent à leur santé. Beaucoup de ceux qui ne sont pas obligés de travailler physiquement dépensent une grande énergie à faire de la gymnastique par peur de grossir ou de tomber malades. Comme moi, qui ne sors pas souvent pour marcher et dois faire chaque jour de la bicyclette d'intérieur ! À bien y réfléchir, il ne vaut pas vraiment la peine d'être riche pour en arriver là !

## 82

Bien sûr, il y a le sentiment excitant de se dire : « Je suis riche ! » Cela donne de l'énergie, on projette dans la société une image intéressante de soi. Mais est-ce que cela vaut vraiment tout le stress lié à l'acquisition et à l'accroissement d'une fortune ? On se met souvent à dos une partie de sa famille et de la société, on rend les autres jaloux et malveillants. On est continuellement inquiet, sur la défensive.

# 83

Le seul avantage d'être riche, à mon sens, c'est de pouvoir mieux aider les autres. Socialement, on joue un rôle plus important, on a davantage d'influence. Si on a de bonnes pensées, on peut faire beaucoup de bien. Si au contraire on est malveillant, on peut faire plus de mal.

Je dis souvent que nous sommes responsables de cette Terre. Si nous sommes capables, grâce à notre richesse par exemple, de faire quelque chose d'utile mais que nous ne faisons rien, nous sommes des inconscients.

# 84

Nous utilisons chaque jour la nourriture et toutes les commodités que les autres fabriquent ou font pousser pour nous. Dès le moment où nous avons de quoi vivre, aidons à notre tour le reste du monde. Quoi de plus triste que de passer sa vie dans le luxe sans contribuer au bonheur de ceux qui n'ont pas la même chance que nous ?

# 85

Il y a des gens extrêmement pauvres. Certains n'ont pas de quoi manger ni se loger, sans parler de l'éducation ou des soins médicaux. Si nous sommes riche et ne nous intéressons qu'à nous-même, que peuvent penser ceux qui vivent si mal ? Comment peuvent réagir les gens qui travaillent du matin au soir pour ne gagner presque rien, quand ils voient que d'autres vivent dans l'opulence sans faire aucun effort ? Ne leur donnons-nous pas des raisons d'être jaloux et amers ? Ne les poussons-nous pas peu à peu à la haine et à la violence ?

# 86

Si vous avez beaucoup d'argent, la meilleure façon de l'utiliser est d'aider les pauvres, ceux qui souffrent, et d'une manière générale de rendre les habitants de la Terre plus heureux en apportant des solutions à leurs problèmes. Aider les pauvres ne veut pas dire simplement leur donner de l'argent. Cela veut surtout dire leur permettre de s'éduquer et de se soigner, et les rendre capables de pourvoir à leurs propres besoins.

# 87

Vivre dans l'opulence uniquement pour soi-même ne sert donc à rien. Plutôt que de passer votre vie à gaspiller votre argent en luxes inutiles, mettez-le au service des autres. Si vous prenez plaisir à étaler votre fortune ou à dépenser d'énormes sommes au jeu, il n'y a certes rien à redire si cet argent vous appartient et si vous ne nuisez à personne, mais vous vous leurrez vous-même et gaspillez votre existence.

## 88

Si vous êtes riche, restez également conscient que vous êtes un être humain, et qu'à ce titre vous ne différez pas du pauvre : vous avez besoin de la richesse du bonheur intérieur, et ce bonheur ne s'achète pas.

# 89

En ce moment, l'abîme continue de se creuser entre ceux qui ont trop et ceux qui n'ont rien. Au moins cinq cents nouveaux milliardaires en dollars sont apparus durant les vingt dernières années. Ils n'étaient que douze en 1982. Parmi eux, plus de cent sont originaires d'Asie. On considère généralement que l'Asie est pauvre, mais en même temps il y a d'innombrables personnes démunies en Europe et en Amérique. Le phénomène dépasse donc l'opposition entre Orient et Occident.

## 90

Les grandes idéologies comme le communisme ont totalement échoué dans leur tentative de forcer les riches à mettre en commun ce qu'ils possèdent. À présent, les hommes doivent se rendre compte par eux-mêmes de la nécessité de partager. Cela demande, bien sûr, un changement profond des mentalités, une nouvelle éducation.

# 91

À long terme, les riches n'ont rien à gagner en laissant la situation mondiale se dégrader. Ils auront à se protéger du ressentiment des pauvres et vivront de plus en plus dans la peur, comme c'est déjà le cas dans certains pays. Une société où les riches sont trop riches et les pauvres trop pauvres engendre la violence, le crime, la guerre civile. Des agitateurs peuvent aisément soulever les plus défavorisés en leur faisant croire qu'ils combattent pour eux. Toutes sortes de troubles peuvent survenir.

## 92

Si vous êtes riche et que vous aidez les pauvres autour de vous, si grâce à vous ils sont en meilleure santé et ont l'occasion de développer leurs talents et leurs connaissances, ils vous aimeront en retour. Même riche, vous serez leur ami. Ils seront satisfaits, et vous aussi. Ne croyez-vous pas ? S'il vous arrive un malheur, ils compatiront avec vous. Si au contraire vous vous enfermez dans votre égoïsme et ne partagez rien, ils vous haïront et se réjouiront de vos souffrances. Nous sommes tous des êtres sociaux. Quand notre environnement est amical, nous sommes automatiquement en confiance et plus heureux.

## Méditations sur la vie dans la pauvreté

# 93

La pauvreté matérielle ne doit pas empêcher d'avoir des pensées nobles. En fait, celles-ci sont beaucoup plus importantes que la richesse. C'est pourquoi, à partir du moment où l'on a un cerveau et un corps humains, même si l'on est pauvre on possède l'essentiel, il n'y a aucune raison de se décourager ou de se replier sur soi.

## 94

En Inde, aux gens de caste inférieure qui combattent pour la reconnaissance de leurs droits, je dis que nous sommes tous des êtres humains, que nous avons le même potentiel, et qu'ils ne doivent pas se décourager parce qu'ils sont pauvres et rejetés par les autres castes.

# 95

Il ne sert à rien d'être amer et de se révolter contre ceux qui possèdent. Bien sûr, les riches doivent respecter les pauvres, et s'ils abusent de leurs pouvoirs, les pauvres doivent se défendre. Mais cultiver l'envie ou la jalousie ne mène nulle part. Si l'on veut être riche soi-même, il vaut mieux, dans la mesure du possible, faire l'effort de s'éduquer plutôt que de rester assis à ronger son frein. L'important est de se donner les moyens de tenir debout sur ses propres jambes.

## 96

Je pense toujours aux milliers de Tibétains qui se sont réfugiés en Inde après mon départ en exil. Ils avaient tout perdu, même leur pays, et se trouvaient pour la majorité d'entre eux sans argent, sans confort ni soins médicaux adéquats. Ils devaient refaire leur vie à partir de zéro, dans des conditions très difficiles, avec seulement des tentes pour se protéger de la chaleur et de la mousson. Ils devaient défricher des parcelles de jungle qu'on leur avait allouées et mouraient par centaines de maladies inconnues au Tibet. Pourtant, très peu ont perdu espoir, et avec une rapidité surprenante ils ont réussi à surmonter ces difficultés et à retrouver leur joie de vivre. Cela montre qu'avec la bonne attitude on peut rester heureux dans les pires conditions. En revanche, si notre intérieur n'est pas en paix, nous nous leurrons en pensant que le confort et la richesse nous apporteront le bonheur.

# 97

Bien sûr, chacun est libre d'ajouter à la pauvreté matérielle la pauvreté intérieure. Mais il est préférable de cultiver une attitude positive. À nouveau, cela ne veut pas dire qu'on ne doit faire aucun effort pour ne plus être pauvre. Si vous êtes victime d'une injustice, battez-vous pour vos droits et faites triompher la vérité, c'est important. Dans les démocraties, le fait que la loi s'applique à tous est un grand avantage. Mais gardez toujours une attitude droite et bienveillante.

Méditations sur la maladie

# 98

Aujourd'hui, la médecine fait de grands progrès. Mais dans la prévention comme dans la guérison, l'attitude mentale conserve un rôle crucial. C'est une évidence.

Le corps et l'esprit sont étroitement liés et s'influencent l'un l'autre. C'est pourquoi, aussi grave que soit votre maladie, ne perdez jamais espoir. Dites-vous qu'il y a toujours un remède, que vous avez vos chances de guérir.

# 99

Quel que soit votre état, rappelez-vous que les tourments ne servent à rien, sinon qu'ils ajoutent la souffrance à la souffrance. Je cite souvent une phrase très utile du sage indien Shāntideva, qui disait en gros : S'il y a un remède, à quoi bon s'inquiéter, contentez-vous de l'appliquer. S'il n'y a pas de remède, à quoi sert l'inquiétude ? Elle ne fait qu'aggraver la douleur.

## 100

La meilleure des médecines est la prévention. Elle est liée à la nourriture et aux comportements habituels. Beaucoup abusent de l'alcool et du tabac. Pour un plaisir minime et passager dû au goût et au pouvoir de ces substances, ils ruinent leur santé. D'autres se rendent malades en mangeant trop. Je connais des pratiquants bouddhistes qui font des retraites et sont en bonne santé tant qu'ils restent dans leurs ermitages de montagne. Dès qu'ils descendent voir leur famille ou des amis pour le jour de l'an ou d'autres fêtes, ils ne contrôlent plus leur appétit et se rendent malades. *(Rire.)*

# 101

Le Bouddha disait à ses moines que s'ils ne mangeaient pas assez ils anémiaient leur corps et commettaient une faute, mais il disait aussi qu'en menant une vie trop opulente on épuisait ses mérites[1]. Il nous incitait par là à diminuer nos désirs, à nous satisfaire de ce que nous avons et à progresser spirituellement, mais aussi à rester en bonne santé. Que l'on mange trop ou pas assez, dans les deux cas on finit par tomber malade. Dans notre vie quotidienne, évitons tous les extrêmes.

1. Les mérites, dans le bouddhisme, désignent à la fois les actes bénéfiques et l'énergie positive qu'ils impriment dans notre « courant mental ». Cette énergie à son tour engendre, à plus ou moins long terme selon qu'elle cohabite ou non avec des empreintes négatives, des tendances mentales favorables au bonheur, mais aussi, par le jeu des interdépendances, des conditions matérielles telles que santé, richesse, etc. *(N.d.T.)*

## Méditations sur les handicapées et ceux qui les soignent

# 102

Si vous êtes handicapé physiquement, dites-vous bien que, au fond de nous-mêmes, nous sommes tous semblables. Même si vous n'avez pas l'usage de certains sens, votre esprit fonctionne comme celui des autres. Ne vous découragez pas, trouvez en vous votre propre assurance. Vous êtes un être humain, capable de faire quelque chose de votre vie.



J'ai visité un jour une école de muets. À première vue, ces enfants étaient incapables de communiquer comme nous. En fait, ils utilisaient d'autres moyens et pouvaient étudier aussi bien que n'importe qui. De nos jours, les aveugles peuvent eux aussi lire et écrire à l'aide d'appareils. Certains sont même écrivains. J'ai vu à la télévision indienne un homme sans bras qui écrivait avec ses pieds. Il n'allait pas très vite, mais il formait très bien ses lettres.

# 103

Quoi qu'il arrive, ne vous découragez jamais. Celui qui se dit toujours : « Je réussirai » parviendra à ses fins. Si vous pensez : « Ce n'est pas possible, je n'ai pas toutes mes facultés, je n'y arriverai jamais », vous échouerez. Comme dit le proverbe tibétain : « On ne se sort pas de la misère en perdant courage. »

# 104

Lorsqu'un enfant naît handicapé, il va sans dire que son père, sa mère et souvent le reste de la famille connaissent des moments de chagrin, d'inquiétude ou de désespoir. Pourtant, vu sous un autre angle, prendre soin des autres est source de bonheur et de satisfaction. On lit dans les textes bouddhistes qu'il faut aimer davantage ceux qui souffrent et ne peuvent se défendre. Plus on les aide, plus on éprouve la satisfaction profonde et réelle d'être utile.

# 105

En règle générale, secourir les autres est la meilleure des activités. S'il se trouve que dans votre propre maison, juste à côté de vous, quelqu'un est totalement démuni, sans défense, prisonnier d'un handicap irrémédiable, pensez qu'une occasion unique vous est offerte et mettez-vous au service de cet être avec joie. Vous ferez une excellente chose.

Si vous le considérez comme une obligation contrariante, votre acte sera incomplet et vous créerez absurdement une difficulté qui n'avait pas lieu d'être.

## Méditations sur les mourants et ceux qui les assistent

# 106

La mort est un moment critique auquel il est très utile de se préparer. Réfléchissons à son caractère inéluctable. Reconnaissons qu'elle fait partie intégrante de la vie, la vie ayant nécessairement un début et une fin. Il est vain de vouloir y échapper.

Si très tôt cette pensée est ancrée en nous, lorsque la mort surgira elle ne nous apparaîtra pas comme l'arrivée soudaine d'un événement anormal. Nous serons capable de l'aborder de manière différente.

# 107

Il est vrai que la plupart d'entre nous répugnent à penser à leur propre mort. Nous passons la plus grande partie de notre vie à amasser des biens ou à faire d'innombrables projets, comme si nous allions vivre éternellement, comme s'il n'était pas certain que nous allions un jour, demain peut-être, ou même dans un instant, partir en laissant tout derrière.

## 108

Selon le bouddhisme, il est important de s'entraîner dès à présent à mourir de la bonne manière. Quand les fonctions vitales cessent, le niveau grossier du mental se dissout, et la conscience subtile, qui n'a besoin d'aucun support physique, se manifeste, offrant une chance unique au pratiquant aguerri de progresser vers l'Éveil. C'est pourquoi on trouve, dans les tantras[1] en particulier, de nombreuses méthodes de méditation préparant à la mort.



1. Les tantras, dans le bouddhisme, sont les textes fondamentaux du Vajrayāna (voir note p. 60).

# 109

Si vous êtes croyant, au moment de mourir rappelez-vous votre foi et priez. Si vous croyez en Dieu, dites-vous que même s'il est triste d'arriver à la fin de sa vie, Dieu doit avoir ses raisons, il y a là quelque chose de profond que vous êtes incapable de comprendre. Cela vous aidera certainement.

# 110

Si vous êtes bouddhiste et croyez aux renaissances, la mort n'est qu'un changement d'enveloppe corporelle, de la même façon qu'on met des vêtements neufs quand les anciens sont usés. Lorsque notre support physique, sous l'action de causes internes et externes, est devenu incapable de se maintenir en vie, le moment est venu de l'abandonner et d'en prendre un nouveau. Dans ces conditions, mourir ne signifie pas cesser d'exister.

# 111

Lorsque l'on parle de la nature de l'éphémère, il faut toujours avoir à l'esprit qu'il y a deux niveaux. Le premier est le niveau grossier, qui est visible et évident : la fin d'une vie ou d'un évènement. Mais la nature de l'éphémère que nous enseignent les Quatre Nobles Vérités est plus subtile ; il s'agit de la nature transitoire de l'existence.

## 112

La méditation sur les degrés plus grossiers de l'éphémère, nous fait considérer notre présent comme précieux, et nous fait nous attacher démesurément à la seule durée de notre propre vie. En relâchant cet attachement qui nous lie, nous serons plus à même d'apprécier combien il est important de travailler pour nos vies futures.

# 113

Pour le croyant, qu'il admette ou non les renaissances, l'essentiel, au moment de la mort, est de stopper les pensées de la conscience grossière en suscitant clairement en soi la foi en Dieu ou un autre état mental positif. L'idéal est de maintenir son esprit aussi clair que possible, en évitant tout ce qui peut l'obscurcir. Néanmoins, si le mourant souffre beaucoup et que rien en lui ne l'incite à avoir une attitude bénéfique, il est préférable qu'il ne meure pas dans un état de parfaite conscience. Dans ce cas, lui administrer des tranquillisants ou des narcotiques est une bonne chose.

# 114

Pour ceux qui ne suivent aucune religion ou voie spirituelle et dont la façon de penser est très éloignée de la vision religieuse du monde, le plus important, au moment de mourir, est d'être calme, détendu, et de garder clairement à l'esprit que la mort est un processus naturel qui fait partie de la vie[1].



1. Ce conseil peut paraître gratuit. Après tout, pour le non-croyant, il n'y a en général rien après la mort. Mais pour le Dalaï-lama, qui parle ici en bouddhiste, il est inconcevable que l'esprit, qui est immatériel, disparaisse simplement parce que notre corps matériel meurt, l'un et l'autre n'étant pas de même nature. La conscience subtile poursuit son chemin dans l'état intermédiaire entre la mort et une nouvelle naissance, puis elle prend une nouvelle forme corporelle déterminée par les actes passés du défunt et l'état d'esprit dans lequel il est mort. C'est pourquoi le Dalaï-lama parle, à la page suivante, du « risque de susciter en lui [le mourant] des tendances négatives ». *(N.d.T.)*

# 115

Si vous assistez un mourant, adoptez l'attitude la plus adaptée à sa personnalité, à la nature de sa maladie, au fait qu'il a ou non une croyance religieuse, qu'il croit ou pas aux renaissances, et évitez autant que possible l'euthanasie. Faites tout pour l'aider à se détendre en créant autour de lui un climat paisible. Si vous vous agitez, il aura l'esprit perturbé par toutes sortes de pensées et se sentira mal. En termes bouddhistes, vous courez le risque de susciter en lui des tendances négatives.

# 116

Si la religion du mourant est la vôtre, rappelez-lui les pratiques qui lui sont familières ou aidez-le à raviver sa foi. Au moment de la mort, son esprit devient moins clair. Il serait inutile de l'inciter à effectuer une pratique nouvelle ou à laquelle il n'est pas très accoutumé. Une fois que sa conscience grossière s'est dissoute et que la phase de conscience subtile a débuté, la seule chose qui peut l'aider est la force de son entraînement spirituel et de ses pensées positives.

# 117

Quand le malade est plongé dans le coma et qu'il ne reste plus en lui que le va-et-vient du souffle, sans présence de pensée, s'il est impossible de sortir son esprit de l'inconscience, agissez à nouveau en tenant compte de la situation. Si la famille vit dans l'aisance et que le mourant lui est cher au point qu'elle est prête à tout pour le maintenir en vie, ne serait-ce qu'un jour, il est important d'essayer. Même si ce n'est d'aucune aide au mourant, cela comblera les souhaits de ceux qui l'aiment.

Lorsqu'il n'y a aucun espoir de raviver la conscience et qu'en outre l'opération serait trop coûteuse, mettrait la famille en difficulté ou poserait de graves problèmes à d'autres, il est préférable de se dire « au revoir ».

# 118

Selon le bouddhisme, s'il faut tout faire pour éviter au mourant de souffrir, il n'en reste pas moins que celui-ci ne peut échapper à la souffrance qu'il a lui-même engendrée. En d'autres termes, il souffre à cause de ses actes (ou karma), et l'effet des actes est inéluctable. S'il se trouvait dans un endroit démuni de toute condition matérielle favorable, ou dans une autre forme d'existence où personne ne pourrait prendre soin de lui, ses souffrances seraient pires. Puisque, à présent, d'autres le soignent et répondent à ses besoins, il est préférable qu'il souffre dans son corps actuel.

## 119

J'appelle certains de mes amis des « esclaves de l'argent ». Sans prendre un instant de repos ils s'épuisent à courir de-ci, de-là, ils sont constamment en train de partir pour le Japon, les États-Unis, la Corée, et n'osent pas prendre de vacances.

Bien sûr, si leurs activités sont consacrées au bien des autres ou au développement de leur pays, on ne peut que s'en réjouir. Ceux qui ont un but noble et travaillent jour et nuit pour le réaliser méritent nos louanges. Mais même dans ce cas, il est bon de prendre de temps à autre un peu de repos pour ménager sa santé. Il vaut mieux faire une œuvre utile sur une longue période, même si c'est à un rythme modéré, que des efforts démesurés mais éphémères.

# 120

Si cette activité frénétique ne vise qu'à satisfaire des ambitions personnelles, et si en fin de compte on s'épuise et on ruine sa santé, cela revient à se détruire soi-même pour rien.

# MÉDITATIONS SUR LES PRISONS ET LES PRISONNIERS

## 121

En règle générale, ceux qui ont commis des crimes sont emprisonnés et exclus de la société. Ils se considèrent alors comme de mauvais éléments dont la communauté ne veut plus. N'ayant aucun espoir de devenir meilleurs ou de commencer une nouvelle vie, ils se comportent de manière violente avec les autres détenus et abusent des plus faibles. Dans de telles conditions il n'y a guère de chances pour qu'ils s'améliorent.

## 122

Je songe parfois au fait que lorsqu'un chef de guerre tue des milliers de gens, on l'appelle un héros. On trouve ses actes extraordinaires, on chante ses louanges. Mais si un être complètement désemparé tue quelqu'un, on le traite de meurtrier, on l'emprisonne, ou même on l'exécute.

# 123

Certains s'approprient des sommes colossales et on ne les poursuit pas. D'autres volent quelques billets par désespoir et on les traîne en prison les menottes aux mains.

# 124

En fait, nous sommes tous des malfaiteurs potentiels, et ceux que nous mettons en prison ne sont pas plus mauvais, au fond d'eux-mêmes, que n'importe lequel d'entre nous. Ils ont succombé à l'ignorance, au désir et à la colère, des maladies qui nous affectent nous aussi, à des degrés simplement différents. Notre devoir est de les aider à guérir.

# 125

La société, quant à elle, ne doit pas rejeter celui qui a commis une erreur et qui est qualifié de criminel. C'est un être humain à part entière qui fait comme nous partie de cette société et qui, lui aussi, peut changer. Il faut absolument lui rendre l'espoir et le désir de donner à sa vie une autre direction.

# 126

J'ai visité la prison de Delhi Tihar, en Inde, où une policière du nom de Kirian Bedi s'occupe avec beaucoup d'humanité des détenus. Elle leur donne une sorte d'enseignement spirituel, leur apprend la méditation et leur inculque une paix intérieure qui les libère de leur sentiment de culpabilité. Les prisonniers sont heureux de voir qu'on les aime et qu'on s'occupe d'eux. Au bout d'un certain temps ils deviennent, avant même de sortir, des êtres satisfaits, ayant confiance dans les valeurs humaines et capables de vivre dans la société. Pour moi, c'est un très bon exemple de ce qu'il faut faire.

# 127

La situation des jeunes délinquants est particulièrement triste. D'abord à cause de toutes ces vies à peine commencées et déjà gâchées. Ensuite, parce que ce drame survient le plus souvent à cause du manque d'expérience, dans un environnement social difficile, à un moment où l'on n'a pas encore eu le temps de se demander comment se tenir debout tout seul.

# 128

Le principal conseil que je donnerai aux jeunes délinquants et à tous les détenus est de ne jamais se décourager, de ne jamais perdre l'espoir de devenir meilleur. Dites-vous toujours : « Je reconnais mon erreur, je m'amenderai, j'agirai bien, je serai utile aux autres. » Nous sommes tous capables de changer. Nous avons tous le même cerveau, le même potentiel. Nous ne pouvons jamais dire, sauf sous l'effet de l'ignorance ou de pensées passagères, qu'il n'y a plus d'espoir pour nous.

# 129

Pauvres prisonniers ! Ils ont commis des fautes parce qu'ils sont brusquement tombés sous l'emprise de leurs émotions négatives, et les voilà exclus de la société et n'ayant plus rien à espérer de cette vie.

# 130

Beaucoup de gens me demandent ce que je pense de l'homosexualité. Pour ceux qui ont une religion, le mieux est de décider ce que vous devez faire ou ne pas faire en fonction de votre foi. Certains chrétiens disent que l'homosexualité est une faute grave, d'autres non. Certains bouddhistes l'admettent, alors que d'autres estiment qu'elle équivaut pratiquement à cesser d'être bouddhiste.



Selon les textes fondamentaux du bouddhisme, il y a dix actes nuisibles à éviter, dont l'inconduite sexuelle[1]. Celle-ci désigne surtout le fait de prendre le conjoint d'un autre, mais inclut aussi l'homosexualité, les rapports sexuels par la bouche ou l'anus et la masturbation. Cela ne veut pas dire que ces pratiques nous excluent du bouddhisme. Hormis les vues erronées – qui consistent à penser que le Bouddha ou la loi de causalité n'existent pas –, aucun des dix actes nuisibles, même le meurtre, n'a pour effet de nous rendre non bouddhiste.

1. Les neuf autres sont : le meurtre, le vol, la calomnie, le mensonge, les paroles blessantes, les propos sans suite, la convoitise, la malveillance et les vues erronées. *(N.d.T.)*

# 131

Si vous n'avez pas de religion et désirez avoir des rapports sexuels avec quelqu'un du même sexe, d'un commun accord, sans qu'il y ait viol ni abus d'aucune sorte, et si vous y trouvez une satisfaction non violente, je ne vois rien à y redire. Je pense même, et c'est un point important, qu'il est injuste que les homosexuels soient parfois rejetés par la société, soient punis ou perdent leur travail. On ne peut pas les mettre sur le même plan que des criminels.

## 132

Je pense que, selon le bouddhisme en général, l'homosexualité constitue surtout une faute par rapport à certains préceptes, mais elle n'est pas nuisible en soi, contrairement au viol, au meurtre ou à d'autres actes qui font souffrir autrui. Il en va de même avec la masturbation. C'est pourquoi il n'y a aucune raison de rejeter les homosexuels ou d'avoir envers eux une attitude discriminatoire.



J'ajouterai qu'il n'est pas juste non plus de dénigrer systématiquement les religions qui proscrivent l'inconduite sexuelle, simplement parce que cela ne correspond pas à nos idées ou à nos façons de faire. Avant de critiquer une règle, il est bon d'essayer de comprendre les véritables raisons qui la motivent.

# III

# Méditations sur la vie en société

Kankaripa (le « veuf affligé »), de la classe inférieure des serviteurs (*shudras*), fait partie des *mahasiddha*, « grands maîtres » du bouddhisme indien.

Peinture murale (détail), XVIIe siècle.
Monastère de Gompa fondé vers 1638,
Hemis (Ladakh).

Crédit : Jean-Louis Nou / AKG – Paris

# 133

Les politiciens font souvent de nombreuses promesses pour s'attirer l'estime et le soutien des électeurs. « Je ferai ceci, je ferai cela, vous allez voir. » Mais s'ils veulent qu'on les aime et les estime, il est plus important, à mon avis, qu'ils soient honnêtes et expriment sincèrement leurs convictions.

# 134

Si nos paroles changent au gré des circonstances, les gens s'en rendent compte et s'en souviennent. « Un jour il a dit ceci, et maintenant il dit cela. Où est la vérité ? » La franchise est une qualité essentielle. De nos jours en particulier, alors que les médias sont à l'affût de tout ce que disent ou font les gens connus, il est encore plus important que dans le passé de s'en tenir à ses convictions sincères et de les exprimer, quelles que soient les circonstances.

# 135

Si nous parlons toujours avec franchise, ceux qui aiment nos idées l'apprécieront et se rallieront à nous. Si au contraire nous nous conduisons en opportuniste, si nous faisons toutes sortes de promesses devant les médias et que, une fois élu, nous n'attachons plus aucune importance à ce que nous avons dit, c'est un mauvais calcul. Non seulement ce n'est pas moral, mais sur un plan purement pratique, c'est stupide. À la prochaine élection, cela se retournera contre nous. À quoi bon se donner tant de peine si c'est pour n'obtenir qu'un seul mandat ?

# 136

Une fois qu'on se trouve au pouvoir, on doit être particulièrement attentif à ce qu'on fait, mais aussi à ce qu'on pense. Quand on est président, ministre ou un autre personnage puissant, on est escorté, honoré, entouré de toutes sortes d'attentions, notre influence est grande. C'est alors qu'on doit être le plus conscient de ses pensées et de ses motivations, si l'on ne veut pas perdre le sens de sa mission véritable. Plus on a de gardes du corps autour de soi, plus on doit soi-même monter la garde auprès de son esprit.

# 137

Certains, avant d'être élus, ont une intention parfaitement pure. Mais une fois en poste, ils deviennent imbus d'eux-mêmes et oublient totalement le but qu'ils s'étaient fixé. Ils se perçoivent comme des êtres bons, protégeant leurs électeurs, jouant un rôle indispensable. Ils pensent qu'en contrepartie ils peuvent se permettre certains caprices et faire ce qu'ils veulent, sans que personne n'y trouve à redire. Même s'ils commettent des actes répréhensibles, ils se disent que ce n'est pas grave, au regard du dévouement avec lequel ils remplissent leur tâche. Ils se laissent alors facilement corrompre. Quand nous avons la force et le pouvoir, soyons doublement vigilant.

# 138

De nos jours, les gens ont peu confiance dans les politiciens. C'est triste. Ils disent que la politique est « sale ». En fait, elle n'a rien de sale en soi. Ce sont les hommes qui la rendent ainsi. De même, on ne peut pas dire que la religion est mauvaise par nature, mais certains religieux corrompus la dénaturent en abusant de la foi des autres. La politique devient sale quand les politiciens ne se conduisent pas moralement. Tout le monde y perd, car les hommes politiques sont indispensables. Dans les démocraties en particulier, il est essentiel d'avoir une pluralité de partis, certains au pouvoir et d'autres dans l'opposition, et donc des hommes et des partis politiques dignes de respect.

# 139

À la décharge des politiciens, il est juste de remarquer que ceux-ci émanent nécessairement d'une société. Si dans cette société on ne pense qu'à l'argent et au pouvoir, sans se préoccuper de morale, on ne doit pas s'étonner que les politiciens y soit corrompus, ni rendre ceux-ci entièrement responsables d'une telle situation.

MÉDITATIONS SUR LA JUSTICE

# 140

Dans une société, on doit forcément suivre un certain nombre de règles. Ceux qui commettent des fautes ou des actes nuisibles doivent être punis, et ceux qui se conduisent bien doivent être encouragés. Le bon fonctionnement du système n'est possible que grâce aux lois et à ceux qui les font appliquer. Si ces derniers, qui sont les gardiens de la justice et des biens, ne sont eux-mêmes pas intègres, le système devient injuste. N'est-ce pas ce que l'on voit fréquemment dans certains pays, quand les gens riches et puissants ne sont pas poursuivis ou gagnent facilement leurs procès, tandis que les pauvres reçoivent de lourdes peines ? C'est triste.

# 141

Hier, quelqu'un me disait qu'aux États-Unis les juges sont soit pour, soit contre l'avortement, sans aucune nuance. Pourtant, entre avorter pour des raisons sérieuses – quand par exemple la mère risque de mourir et qu'il faut choisir entre sa vie et celle du bébé – et avorter parce que la venue d'un enfant nous empêcherait de partir en vacances ou d'acheter de nouveaux meubles, il y a une différence appréciable. Mais du point de vue de ces juges, il n'y en a apparemment pas. Il serait bon d'étudier ce sujet en détail afin de définir des cas précis et de pouvoir dire clairement : dans tel cas l'avortement est interdit, dans tel autre il est autorisé.

# 142

Récemment, en Argentine, un juge m'a demandé ce que je pensais de la peine de mort comme moyen de rétablir le droit. Ma position est que la peine de mort est inacceptable pour de nombreuses raisons, et je souhaite sincèrement qu'elle soit un jour abolie partout dans le monde. En particulier, c'est un acte extrêmement grave qui ôte au condamné toute possibilité de se racheter. Or un criminel est un être comme un autre, qui peut selon les circonstances devenir meilleur, de la même façon que, vous et moi, nous pouvons, dans certaines situations, devenir pires. Donnons-lui une chance. Ne le considérons pas comme un être à jamais nocif dont il faut à tout prix se débarrasser.

# 143

Quand notre corps est malade, nous ne le détruisons pas, nous essayons de le guérir. Pourquoi devrions-nous détruire les éléments malades de la société, au lieu de les soigner ?

# 144

J'ai à mon tour posé au juge une question : « Supposez que deux hommes aient commis le même crime et soient condamnés à la prison à vie. L'un est célibataire, mais l'autre a plusieurs enfants en bas âge et se trouve être leur seul parent, la mère étant morte. Si vous emprisonnez le second, les enfants n'auront plus personne pour prendre soin d'eux. Que faites-vous ? »



Le juge me répondit que, selon la loi, les deux hommes doivent recevoir la même peine. C'est la société qui se chargera d'éduquer les enfants.

Je ne pus m'empêcher de penser que si, du strict point de vue de la faute commise, il était normal que les deux hommes reçoivent la même peine, du point de vue des circonstances dans lesquelles cette peine allait être infligée, la différence était énorme. En punissant le père, on allait aussi punir de la plus cruelle façon des enfants qui n'avaient rien fait de mal. Il me répondit que la loi ne prévoyait pas de réponse à ce problème.

# 145

Une poignée d'intellectuels, de religieux et un nombre important de scientifiques ont pris conscience des problèmes aigus qui se posent dans le monde : l'environnement, les guerres, les famines, les souffrances d'un grand nombre de populations, l'abîme entre les nations riches et les nations pauvres. Le problème est qu'ils ne font qu'exprimer leur point de vue et laissent la charge d'agir sur le terrain à un nombre limité d'organisations.

En réalité, nous sommes tous concernés, tous responsables. C'est aussi cela la démocratie, il me semble. Agissons tous à notre niveau, coopérons avec les autres, discutons des problèmes, incitons les responsables à agir de façon positive, critiquons fermement les politiques désastreuses, appelons-en aux Nations unies et aux gouvernements. Nous aurons alors sans doute la possibilité d'exercer une influence plus efficace.

# 146

Certains me prennent pour une sorte de prophète. Je parle simplement au nom des innombrables humains qui souffrent de la pauvreté, des guerres, des marchands d'armes, et qui n'ont pas le pouvoir de s'exprimer. Je ne suis qu'un porte-parole. Je n'ai aucun désir de pouvoir, ni aucune intention de me confronter au reste du monde.



Il n'appartient pas à un Tibétain isolé qui vient d'un pays lointain d'assumer une sorte de responsabilité extraordinaire et de se lancer dans un tel combat. Ce serait sot. À mon âge, il serait d'ailleurs temps que je tire ma révérence !

Mais je resterai inébranlable dans mes engagements, jusqu'à la mort, même si je dois aller aux conférences en fauteuil roulant !

## 147

Je suis convaincu que le progrès ou le déclin de l'humanité reposent en bonne partie sur les éducateurs et les enseignants, et que ceux-ci ont donc une lourde responsabilité.

# 148

Si vous êtes enseignant, efforcez-vous de ne pas seulement transmettre un savoir, éveillez aussi l'esprit de vos élèves aux qualités humaines fondamentales comme la bonté, la compassion, la capacité de pardonner ou l'esprit d'entente. N'en faites pas des thèmes réservés à la morale traditionnelle ou à la religion. Montrez-leur que ces qualités sont tout simplement indispensables pour le bonheur et la survie du monde.

# 149

Apprenez-leur à dialoguer, à résoudre tous les conflits de manière non violente ; à s'intéresser, dès que surgit un désaccord, à ce que pense l'autre. Enseignez-leur à ne pas voir les choses d'un point de vue étroit ; à ne pas penser qu'à eux, qu'à *leur* communauté, *leur* pays, *leur* race, mais à prendre conscience que tous les êtres ont les mêmes droits et les mêmes besoins. Sensibilisez-les à la responsabilité universelle, montrez-leur que rien de ce que nous faisons n'est anodin, que tout a une influence sur le reste du monde.

# 150

Ne vous contentez pas de paroles, donnez vous-même l'exemple. Les élèves se souviendront davantage de ce que vous leur dites. Montrez-vous responsable du futur de vos élèves sous tous ses aspects.

## 151

S'il y a des domaines de la science et de la technologie où les découvertes n'ont pas de conséquences majeures, il n'en va pas de même dans d'autres, comme la génétique ou la physique nucléaire, dont les applications peuvent être extrêmement bénéfiques ou extrêmement nuisibles. Il est souhaitable que dans ces disciplines les scientifiques se sentent responsables de leurs travaux et ne ferment pas les yeux sur les catastrophes possibles qu'ils peuvent entraîner.

## 152

Les spécialistes ont souvent un champ de vision trop restreint. Ils ne se préoccupent pas assez de replacer leurs recherches dans un contexte plus vaste. Je ne dis pas que leurs intentions sont mauvaises, mais en se consacrant uniquement à l'étude exhaustive d'un domaine très particulier, ils n'ont pas le temps de réfléchir aux effets à long terme de ce qu'ils découvrent. J'admire Einstein, qui avait averti des dangers possibles des travaux sur la fission nucléaire.

# 153

La nécessité de ne pas nuire devrait toujours être présente à l'esprit des scientifiques. Je pense en particulier aux possibles dérapages de la recherche génétique. Le fait qu'on puisse un jour, par le clonage, fabriquer des êtres dont la seule raison d'être sera de fournir des pièces de rechange pour ceux qui en ont besoin me paraît terrifiante. Je ne peux que condamner également l'emploi de fœtus humains à des fins d'expérience et, en tant que bouddhiste, la vivisection et toute autre pratique cruelle envers des êtres sensibles, même dans un but de recherche. Comment dénier à toute une catégorie d'êtres le droit de ne pas souffrir, alors qu'on revendique haut et fort ce droit pour soi-même ?

# 154

Je dis en général aux hommes et aux femmes d'affaires qu'il n'y a rien de mal à avoir l'esprit de compétition s'il consiste à penser : « Je veux donner le meilleur de moi-même, je veux arriver au sommet comme d'autres. » En revanche, il n'est pas admissible, pour être le premier, d'empêcher les autres de réussir par les moyens les plus vils, en les trompant, en les calomniant, et parfois même en les tuant.

# 155

Songeons que nos concurrents sont aussi des êtres humains, qui ont les mêmes droits et les mêmes besoins que nous. Pensons, comme nous l'avons dit au sujet de la jalousie, qu'ils font partie de notre société. Tant mieux s'ils réussissent.

# 156

La seule attitude combative acceptable, c'est de reconnaître ses propres talents et de travailler avec une détermination inébranlable en se disant : « Moi aussi je suis capable, même si personne ne m'aide, je réussirai. »

# 157

Les écrivains et les journalistes ont une grande influence dans la société. Même si la vie humaine est courte, les écrits demeurent pendant des siècles. Dans le domaine du bouddhisme, c'est parce que les enseignements du Bouddha, de Shāntideva[1] et d'autres grands maîtres ont été mis par écrit qu'ils ont pu faire connaître pendant si longtemps l'amour, la compassion et l'attitude altruiste de l'esprit d'Éveil et qu'on peut encore les étudier aujourd'hui. D'autres textes ont malheureusement été à l'origine de grandes souffrances, comme ceux qui ont répandu les idéologies extrêmes du fascisme et du communisme. Les écrivains ont le pouvoir de causer indirectement le bonheur ou le malheur de millions d'êtres.

1. Voir note 2, p. 59. *(N.d.T.)*

## 158

Aux journalistes je dis en général ceci : à notre époque, surtout dans les pays démocratiques, votre pouvoir sur l'opinion des gens et vos responsabilités sont immenses. L'une de vos tâches les plus utiles, à mon sens, est de combattre le mensonge et la corruption. Examinez en détail, honnêtement, impartialement, le comportement des chefs d'État, des ministres et des autres personnages puissants. Lorsque le scandale concernant la vie sexuelle du président Clinton a éclaté, j'ai beaucoup apprécié le fait que le chef du pays le plus puissant de la Terre puisse être amené devant une cour de justice comme n'importe quel autre citoyen.

# 159

Il est excellent que les journalistes aient le nez long et enquêtent sur les activités des hommes publics afin de révéler s'ils sont dignes ou pas de la confiance de leurs électeurs. Mais il est important que ce soit fait de manière honnête, sans tromperie ni partialité. Votre but ne doit pas être de faire triompher votre propre camp en détruisant la réputation d'un ennemi politique ou du parti adverse.

# 160

Les journalistes doivent aussi mettre en valeur et promouvoir les qualités humaines fondamentales. Généralement ils ne s'intéressent qu'à l'actualité brûlante, surtout si elle est horrible. Au fond d'eux-mêmes, les humains considèrent le meurtre comme un acte inacceptable et choquant qui ne devrait pas avoir lieu. C'est pourquoi, lorsqu'il survient, il fait la une des journaux. Il en est de même avec la corruption et les autres méfaits. En revanche, élever ses enfants, prendre soin de vieillards ou soigner des malades nous apparaissent comme des comportements normaux, qui ne méritent pas de figurer dans les nouvelles.

# 161

Le principal défaut de cette attitude est qu'elle amène peu à peu la société en général, et les jeunes en particulier, à considérer les meurtres, les viols et les autres violences comme la norme. Nous risquons de penser que la nature humaine est cruelle et qu'il n'y a aucun moyen de l'empêcher de s'exprimer. Si un jour nous en sommes fermement convaincus, nous n'aurons plus aucun espoir pour le futur de l'humanité. Nous pourrons nous dire : puisqu'il est impossible de cultiver les qualités humaines et de promouvoir la paix, pourquoi ne pas devenir terroriste ? Puisque aider les autres ne sert à rien, pourquoi ne pas se désintéresser du reste du monde et vivre à l'écart, juste pour soi ?

Si vous êtes journaliste, soyez conscient de ce problème et assumez vos responsabilités. Même si vos lecteurs ou vos auditeurs n'en sont pas friands, parlez aussi de ce que les autres font de bien.

## Méditations sur l'agriculture et l'environnement

# 162

Les agriculteurs jouent un rôle essentiel dans la protection ou la dégradation de l'environnement et de la santé. Actuellement, avec la pollution des nappes phréatiques, l'utilisation abusive des engrais et des pesticides, et les autres nuisances qui sont régulièrement mises au jour, on se rend de plus en plus compte de la responsabilité des hommes dans la détérioration du système écologique et l'apparition de maux nouveaux. La maladie de la « vache folle » due aux farines animales en est un exemple particulièrement criant. Logiquement, les responsables devraient être punis, mais apparemment on ne leur dit rien. Par contre, on tue les vaches qui en sont leurs victimes…

# 163

Je pense qu'on devrait faire beaucoup moins usage de produits chimiques dans l'agriculture et se mettre le plus possible en harmonie avec les processus naturels. Dans l'immédiat, cela diminuerait peut-être les profits, mais, à long terme, ce serait bénéfique. Il serait également bon de réduire la taille et le nombre des élevages industriels nuisibles à l'environnement. Les aliments contre nature que l'on donne aux animaux ont par ailleurs des effets imprévisibles, comme on le constate de nos jours. Quand on pense au gaspillage de temps, d'argent et d'énergie, de même qu'aux souffrances inutiles qu'ils provoquent, on ne peut s'empêcher de penser qu'il est plus sage d'utiliser d'autres méthodes.

# 164

Tous les êtres sensibles ont le droit de vivre. Il est évident que les mammifères, les oiseaux, les poissons ressentent le plaisir et la douleur, et que par conséquent ils n'aiment pas plus souffrir que nous. Lorsqu'on utilise ces animaux de manière abusive dans le seul but de faire du profit, même si on laisse de côté le point de vue bouddhiste, on n'en est pas moins en contradiction avec les valeurs morales élémentaires.

# 165

Pour ce qui est des conflits et des différences, de toutes les différentes espèces d'animaux sur cette planète, les humains sont les plus grands fauteurs de troubles. Cela est clair. J'imagine que s'il n'y avait plus d'humains sur cette planète, celle serait un endroit plus sûr. Il est certain que pour des millions de poissons, de poulets et autres petits animaux, ce serait là une véritable libération.

# 166

Celui qui n'éprouve pas la moindre hésitation ni la moindre compassion en tuant un animal ou en le faisant souffrir aura logiquement plus de mal qu'un autre à en éprouver envers ses congénères. Il est toujours dangereux d'ignorer la souffrance d'un être, quel qu'il soit, même s'il nous apparaît nécessaire de le sacrifier pour être utile au plus grand nombre. La nier, ou éviter d'y penser, est une solution commode, mais cette attitude ouvre la porte à tous les excès, comme on le voit pendant les guerres. Elle détruit aussi notre propre bonheur. Je le dis souvent, l'empathie ou la compassion finissent toujours par nous être bénéfiques.

# 167

Certains font remarquer que, de toute façon, les animaux s'entre-dévorent. C'est exact, mais on ne peut nier que les animaux qui mangent les autres ont un comportement simple et direct : quand ils ont faim ils tuent, quand ils n'ont pas faim ils ne tuent pas. On est loin de l'attitude des hommes qui abattent des millions de vaches, moutons, poulets et autres juste pour le profit.

Un jour, j'ai rencontré un Juif polonais, un homme bon et intelligent. Comme il était végétarien et que les Tibétains ne le sont pas, il me dit : « Je ne mange pas d'animaux, mais si j'en mangeais, j'aurais le courage de les tuer moi-même. » Nous, les Tibétains, nous faisons tuer les animaux par les autres, et ensuite nous les mangeons ! *(Rire.)*

# 168

Dans toute société humaine apparaissent des êtres malfaisants qui causent un grand nombre de problèmes, et il est nécessaire de disposer de moyens efficaces pour les empêcher de nuire. Lorsqu'il ne reste aucun autre choix possible, il faut bien se résoudre à utiliser la force armée.

Pour moi, une armée ne doit pas servir à propager une doctrine ou à envahir un autre pays, mais simplement à mettre fin, en cas d'absolue nécessité, aux agissements de ceux qui détruisent le bien-être de l'humanité et sèment le chaos. Le seul objectif acceptable d'une guerre est le bonheur de tous, et non des intérêts particuliers. La guerre n'est donc qu'un pis-aller.

# 169

L'Histoire nous montre que la violence engendre la violence et résout rarement les problèmes. En revanche, elle crée d'insondables souffrances. On voit aussi que même lorsqu'elle paraît sage et logique pour mettre fin à des conflits, on ne peut jamais savoir si au lieu d'éteindre un feu on n'est pas en train d'allumer un brasier.

# 170

Aujourd'hui, la guerre est devenue froide et inhumaine. Les armes modernes permettent de tuer des milliers d'êtres sans prendre de risque soi-même ni voir les souffrances qu'on a provoquées. Ceux qui donnent l'ordre de tuer se trouvent souvent à des milliers de kilomètres du champ de bataille. Et les innocents, les femmes et les enfants qui ne demandent qu'à vivre sont ceux qui meurent ou sont mutilés. On se prend presque à regretter les guerres d'autrefois, où le seigneur marchait à la tête de ses troupes ; sa mort signifiait en général la fin des hostilités. Il faudrait au moins redonner à la guerre une dimension humaine.

# 171

À partir du moment où ils ont des armes, les hommes sont enclins à s'en servir. Mon point de vue est qu'il ne devrait plus y avoir d'armée nationale. Le monde devrait être démilitarisé, à l'exception d'une force multinationale qui interviendrait uniquement lorsque certains menaceraient la paix dans une région du monde.

# 172

Tout le monde parle de la paix, mais on ne peut réaliser la paix à l'extérieur si l'on héberge en soi la colère ou la haine. On ne peut pas non plus concilier le désir de paix et la course aux armements. L'arme nucléaire est considérée comme un moyen de dissuasion, mais cela ne me semble pas une méthode sage ni efficace à long terme.

# 173

Un certain nombre de pays consacrent des sommes colossales au développement de ces armes. Tant d'argent, d'énergie, de talent sont gaspillés alors que les risques de dérapage ne peuvent qu'engendrer de plus en plus de peur.

## 174

Mettre fin aux guerres est l'affaire de tous. On peut certes trouver le nom de gens qui sont à l'origine des conflits, mais on ne peut pas prétendre qu'ils ont surgi de nulle part ou ont agi seuls. Ce sont des membres de la société dont chacun de nous fait partie et dont chacun porte une part de responsabilité. Si nous voulons créer la paix dans le monde, créons-la d'abord en chacun de nous.

# 175

La paix dans le monde ne peut passer que par la paix de l'esprit, et la paix de l'esprit par la prise de conscience que tous les êtres humains sont comme les membres d'une même famille, malgré la diversité des croyances, des idéologies, des systèmes politiques et économiques. Ces derniers ne sont que des détails, au regard de ce qui nous rapproche. Le plus important est que nous sommes tous des êtres humains habitant une même petite planète. Ne serait-ce que pour survivre, nous avons besoin de coopérer les uns avec les autres, à l'échelle des individus comme à celle des États.

# 176

Ceux qui se consacrent aux autres dans le domaine de la santé, de l'éducation, de la vie spirituelle, familiale, sociale ou dans tout autre domaine me réjouissent le cœur. Toute société humaine engendre son lot de problèmes et de souffrances. Faire son possible pour résoudre ces difficultés est digne de louange.

Du point de vue bouddhiste, il est important de ne pas simplement aider quelqu'un par devoir ou par plaisir – comme certains aiment jardiner. Si on le fait avec amour et compassion, avec le sourire et des paroles affables, on lui procure un bonheur certain. L'acte lui-même peut sembler identique, mais ses bienfaits sont infiniment supérieurs.

# 177

Si vous êtes médecin, ne soignez pas les malades par routine ou par obligation. Ces derniers pourraient avoir l'impression qu'on ne se préoccupe pas réellement d'eux, qu'on ne les examine pas avec assez d'attention ou qu'ils sont traités comme des cobayes. Certains chirurgiens, à force d'opérer, finissent par percevoir leurs patients comme des machines à réparer, en n'étant plus conscients qu'il s'agit d'êtres humains. Perdant de vue l'être humain en tant qu'objet de leur bonté et de leur compassion, ils coupent, recousent, remplacent des organes, comme on manipule des pièces de voiture ou des morceaux de bois.

# 178

Il est très important, quand on s'occupe des autres, de cultiver une attitude altruiste. Cette attitude n'est pas seulement bénéfique à celui qui reçoit, elle l'est aussi à celui qui donne.

# 179

Plus nous sommes concerné par le bonheur des autres, plus nous construisons en même temps le nôtre. Mais ne pensez jamais à cela quand vous donnez. N'attendez rien en retour, ne considérez que le bien d'autrui.

# 180

Ne vous considérez jamais comme supérieur à ceux que vous aidez. Que vous leur consacriez votre argent, votre temps ou votre énergie, faites-le toujours avec humilité, même si l'autre est sale, chétif, stupide et couvert de haillons. Personnellement, quand je rencontre un mendiant, je m'efforce toujours de ne pas le voir comme un inférieur, mais comme un être humain qui ne diffère en rien de moi.

# 181

Quand vous aidez quelqu'un, ne vous contentez pas de résoudre ses problèmes immédiats en lui offrant de l'argent, par exemple. Donnez-lui aussi les moyens de résoudre ses problèmes lui-même.

# IV

# Méditations
# sur les difficultés de la vie

Caurangipa (Tsaurangipa), issu d'une famille royale d'Inde orientale, fait partie des *mahasiddha*, « grands maîtres » du bouddhisme indien.

Peinture murale (détail), XVIIe siècle.
Monastère de Gompa fondé vers 1638,
Hemis (Ladakh).

Crédit : Jean-Louis Nou / AKG – Paris

# 182

Je pense que chaque être humain a un sens inné du « moi ». Nous ne pouvons expliquer d'où nous vient ce sentiment, mais il existe. De lui nous vient un désir d'être heureux et de surmonter la souffrance. Cela est tout à fait justifié : nous avons par nature le droit d'être aussi heureux que possible, tout comme nous avons le droit de ne pas souffrir. L'histoire de l'humanité toute entière s'est développée à partir de ce sentiment. Et d'ailleurs, cela n'est pas réservé aux seuls êtres humains ; du point de vue bouddhiste, même le plus petit insecte éprouve ce sentiment et, selon ses capacités, cherche à devenir plus heureux et à éviter les situations malheureuses.

# 183

Il y a plusieurs façons d'être heureux. Certains ont l'esprit un peu dérangé et sont plongés dans un bonheur béat. Ils pensent toujours que tout va bien. Ce bonheur-là n'est pas celui qui nous intéresse.

D'autres fondent leur bonheur sur la possession de biens matériels et la satisfaction des sens. Nous avons déjà fait remarquer la fragilité de cette méthode. Même quand vous pensez que vous êtes vraiment heureux, si vous tenez ce bonheur pour acquis vous souffrirez doublement quand les circonstances ne vous seront plus propices.

D'autres encore sont heureux parce qu'ils pensent et se conduisent de façon morale. C'est le bonheur dont nous avons besoin, car il est fondé sur des raisons profondes et ne dépend pas des circonstances.

## 184

Si vous n'avez pas une bonne attitude, même si vous êtes entourés d'amis chers dans des circonstances agréables, vous ne serez pas heureux. C'est pourquoi l'attitude mentale est plus importante que les conditions extérieures. Malgré cela, il me semble que de nombreuses personnes se préoccupent plus de leur condition matérielle et négligent leur attitude intérieure. Mon conseil est d'être plus attentif à nos qualités mentales.

# 185

Pour être vraiment heureux de façon durable, il est nécessaire de reconnaître d'abord la réalité de la souffrance. C'est peut-être déprimant au début, mais à long terme on y gagne. Ceux qui préfèrent se cacher la réalité en se droguant, en cherchant la fausse béatitude d'une spiritualité aveugle ou en vivant à toute allure pour éviter de penser n'obtiennent qu'un court sursis. Lorsque les problèmes reviennent en force, ils se trouvent tout désemparés et « remplissent le pays de lamentations », comme on dit au Tibet. La colère ou le désespoir s'emparent d'eux, et ils ajoutent ainsi à la difficulté initiale une souffrance inutile.

# 186

Cherchons à savoir d'où vient notre souffrance. Comme tout autre phénomène, elle est le résultat d'un nombre incalculable de causes et de conditions. Si nos sentiments dépendaient clairement d'une seule cause, il suffirait d'être en présence d'une cause de bonheur pour être systématiquement heureux. Nous savons bien qu'il n'en est rien. Renonçons donc à l'idée qu'il y a toujours un responsable et qu'il suffit de le trouver pour ne plus souffrir.

# 187

Reconnaissons que la souffrance fait partie de l'existence ou, en termes bouddhistes, du samsara, le cycle des existences conditionnées. Si nous la considérons comme une chose négative, anormale, dont nous sommes la victime, notre vie devient misérable. C'est notre réaction qui devient le problème. Le bonheur est possible lorsque même ce que nous considérons comme souffrance ne nous rend pas malheureux.

# 188

Selon le bouddhisme, la réflexion sur la réalité de la souffrance ne débouche jamais sur le pessimisme ou le désespoir. Elle conduit à découvrir les causes premières de nos malheurs : le désir, la haine et l'ignorance, et à s'en libérer. L'ignorance veut dire ici l'incompréhension de la nature réelle des êtres et des choses. Elle est à l'origine des deux autres poisons. Lorsqu'elle disparaît, le désir et la haine n'ont plus de fondement, et la source de la souffrance est tarie. Il en résulte un bonheur spontanément altruiste qui n'est plus à la merci des émotions négatives.

# 189

Dans les pays industrialisés, on voit beaucoup de gens malheureux. Ils ne manquent de rien, jouissent de toutes les conditions d'une vie confortable, mais ils ne sont pas satisfaits de leur sort. Ils se rendent malheureux par jalousie ou pour toutes sortes de raisons. Certains s'attendent continuellement à un cataclysme, d'autres pensent que la fin du monde est pour bientôt. Ceux-là fabriquent leurs propres souffrances par leur incapacité à penser de manière saine. S'ils changeaient leur façon de voir les choses, leurs tourments disparaîtraient.

# 190

Il y a aussi ceux qui ont de véritables raisons de souffrir, qui sont vraiment malades, miséreux, victimes de catastrophes ou injustement maltraités. Mais, à nouveau, ils ont souvent le pouvoir d'y remédier. Matériellement, ils peuvent et doivent se soigner, mettre en cause ceux qui les maltraitent, aller au tribunal pour demander réparation, travailler d'arrache-pied s'ils n'ont pas de quoi se nourrir ou se vêtir. Mentalement, ils peuvent adopter un point de vue positif.

# 191

C'est notre attitude mentale qui détermine le degré de nos souffrances. Si par exemple on est malade, la seule réaction utile est de mettre en œuvre tous les moyens possibles pour se guérir : consulter un médecin, suivre un traitement, faire certains exercices… Mais, en général, nous compliquons les choses en nous tourmentant sur notre sort, ajoutant ainsi à la souffrance physique une souffrance mentale.

# 192

Si notre maladie est grave, nous la voyons fréquemment sous l'angle le plus négatif qui soit. Si nous souffrons de la tête, nous pensons : « C'est vraiment ce qui pouvait m'arriver de pire, si au moins c'était mes jambes qui ne fonctionnaient pas ! » Au lieu de nous dire que quantité d'autres souffrent au moins autant que nous, nous nous lamentons comme si nous étions le seul au monde.



Pourtant il est possible d'adopter l'attitude inverse, de se dire, si nos bras sont paralysés : « Je ne peux plus m'en servir, mais mes jambes me portent encore. » Et si c'est nos jambes : « Mes jambes ne me portent plus, mais je peux me déplacer sur une chaise roulante et je suis encore capable d'écrire avec mes mains. » Des pensées aussi simples suffisent à procurer un réconfort.

# 193

Quelle que soit notre situation, il est toujours possible de la voir sous un angle positif, en particulier à notre époque, où la technologie moderne fournit des raisons supplémentaires de garder espoir. Il est impensable de ne trouver aucun moyen mental de réduire une souffrance provoquée par des circonstances réelles. Rares sont les cas où nous n'avons que des raisons de souffrir, sans aucun réconfort possible. Face à la souffrance physique, pensez aux aspects positifs, gardez-les à l'esprit, et vous pourrez certainement soulager un peu votre peine.

# 194

Même si votre maladie est grave et longue, il y a certainement un moyen de ne pas sombrer dans le désespoir. Si vous êtes bouddhiste, dites-vous : « Puisse cette maladie me purifier de mes actes nuisibles passés ! Puissent les douleurs des autres s'ajouter aux miennes et m'affecter à leur place ! » Pensez aussi que d'innombrables êtres souffrent comme vous, et priez que vos souffrances aient pour effet d'apaiser les leurs. À supposer que vous n'ayez pas la force de réfléchir ainsi, le simple fait de prendre conscience que vous n'êtes pas seul et que beaucoup d'autres sont dans la même situation vous aidera à supporter votre mal.



Si vous êtes chrétien et que vous avez foi en Dieu comme créateur de l'univers, réconfortez-vous en pensant : « Cette souffrance, je ne l'ai pas désirée, mais elle doit certainement avoir une raison, puisque c'est Dieu qui, dans sa compassion, m'a donné la vie. »

Si vous n'avez pas de religion, pensez que ce malheur qui vous frappe, aussi terrible soit-il, n'arrive pas qu'à vous. Même si vous ne croyez en rien, essayez d'imaginer, au-dessus de l'endroit qui vous fait souffrir, une lumière qui imprègne et dissout votre douleur, et voyez si cela vous soulage.

# 195

Il y a des malheurs subits, inéluctables, comme la mort d'un être cher. Il n'est bien sûr plus question ici d'influer sur la cause. Mais justement, puisqu'il n'y a rien à faire, songez que le désespoir est inutile et ne fait qu'aggraver la douleur. Je pense surtout à ceux qui n'ont aucune croyance religieuse.

# 196

Il est important d'examiner votre souffrance, de chercher d'où elle vient, et s'il est possible de la faire disparaître. En général, nous pensons n'avoir aucune part de responsabilité dans nos malheurs. C'est invariablement la faute de quelqu'un ou de quelque chose d'autre. Mais je doute que ce soit toujours le cas. Nous sommes un peu comme des étudiants qui auraient raté un examen et refuseraient d'admettre qu'en travaillant plus ils auraient pu le passer avec succès. Nous nous mettons en colère contre Untel, nous clamons que les circonstances se sont liguées contre nous. Mais n'est-ce pas pire alors, lorsque cette seconde souffrance, mentale, s'ajoute à la première ?

# 197

Les nombreux conflits au sein de la famille humaine et au sein de nos propres familles, sans parler des conflits au sein des communautés et entre les nations, de même que les conflits internes de chaque individu… tous les conflits et toutes les contradictions proviennent des différentes idées et opinions que nous offre notre intelligence. De sorte que, malheureusement, notre intelligence peut parfois nous mettre dans un état d'esprit négatif. Dans ce cas, l'intelligence devient une source supplémentaire de malheur pour l'homme. Et pourtant, il me semble que l'intelligence est en même temps le seul outil qui nous permette de surmonter tous ces conflits et toutes ces différences.

## 198

Même si vous perdez un être cher comme votre père ou votre mère, raisonnez-vous. Pensez que, après un certain âge, la vie touche naturellement à sa fin. Quand vous étiez petit, vos parents ont fait leur possible pour vous élever. À présent, vous n'avez rien à regretter. Bien sûr, s'ils sont morts prématurément, dans un accident de la route par exemple, c'est beaucoup plus triste.

# 199

À ceux qui sont pessimistes et se tourmentent perpétuellement, j'ai envie de dire : que vous êtes sots ! Un jour, aux États-Unis, j'ai rencontré une femme extrêmement malheureuse sans véritable raison. Je lui ai dit : « Ne vous rendez pas malheureuse ! Vous êtes jeune, vous avez encore beaucoup d'années à vivre, vous n'avez aucune raison de vous tourmenter ! » Elle m'a demandé pourquoi je me mêlais de ses affaires. J'étais triste. Je lui ai répondu qu'il ne servait à rien de dire cela. Je lui ai pris la main, je lui ai donné une tape amicale et elle a changé d'attitude.

On ne peut aider ce genre de personne qu'avec l'amour ou l'affection. Pas un amour de façade, des mots creux, mais quelque chose venu du cœur. Quand on discute, on s'adresse à la raison, mais quand on manifeste véritablement de l'amour ou de la tendresse, on communique directement. Finalement cette femme a changé. Elle s'est mise à rire de bon cœur.

# 200

Si vous êtes pessimiste, pensez que vous faites partie de la société humaine, et les humains, dans leur être le plus profond, éprouvent naturellement de l'amour les uns pour les autres. Vous trouverez toujours parmi eux quelqu'un en qui placer votre espoir, quelqu'un digne d'être pris pour exemple. Se tourmenter comme vous le faites ne sert à rien.

# 201

Donnez à vos pensées une tournure positive. C'est une erreur de se dire que tout le monde est mauvais. Il y a des êtres malfaisants, c'est certain. Cela ne veut pas dire que tous les êtres sont malfaisants. Il y en a aussi un grand nombre qui sont nobles et généreux.

## 202

Ceux qui perçoivent ainsi le monde n'ont confiance en personne et se sentent seuls. Ils se sentent seuls, au fond, parce qu'ils ne pensent pas assez aux autres. Lorsqu'on ne pense pas assez aux autres, on les juge d'après soi-même, et on s'imagine qu'ils nous perçoivent de la même manière qu'on les perçoit. Dans ce cas, le sentiment de solitude n'est pas surprenant.

# 203

Un jour est venu à Dharamsala un homme qui entretenait de très bonnes relations avec la Chine communiste. Beaucoup de gens ici, en apprenant qu'il arrivait, l'avaient d'avance étiqueté et avaient noirci son image. Le résultat fut qu'au moment de la rencontre il y avait comme un malaise dans l'air.

Personnellement, je n'avais rien contre lui, je pensais que c'était un être humain comme les autres et que s'il croyait les Chinois, c'était parce qu'il ne disposait pas d'informations suffisantes.

Dès la première rencontre, il s'est adressé à moi sur un ton polémique, mais je l'ai considéré simplement comme un être humain et je lui ai parlé du Tibet de façon très amicale. Le deuxième jour, son attitude a totalement changé.

Si je m'étais moi aussi montré nerveux, nous nous serions de plus en plus retranchés derrière nos positions. Je n'aurais pas écouté ses arguments et il n'aurait pas prêté attention aux miens. En le considérant comme un être humain, en me disant que tous les êtres humains se ressemblent, qu'ils sont parfois mal informés, et en me comportant avec lui de façon cordiale, peu à peu j'ai pu l'amener à s'ouvrir.

## 204

Il y a des gens qui ne voient que le côté négatif des choses. C'est étonnant. Dans la communauté tibétaine en exil, par exemple, nous sommes tous des réfugiés, dans la même situation, mais parmi nous certains sont toujours contents et n'ont envie de raconter que des choses plaisantes, qui donnent à espérer, alors que d'autres, au contraire, semblent ne voir rien de bien en quoi que ce soit. Ils disent du mal de tout et se tourmentent sans cesse.

# 205

Comme il est écrit dans les textes bouddhiques, le monde peut apparaître comme ami ou ennemi, plein de défauts ou plein de qualités : tout est dans nos pensées. De façon générale, il n'existe rien qui n'ait que des avantages ou que des inconvénients. Tous les objets que nous utilisons – nos aliments, nos vêtements, nos maisons – et tous les êtres avec qui nous vivons – famille, amis, supérieurs, inférieurs, maîtres, disciples, etc. – ont à la fois des qualités et des défauts. C'est ainsi. Pour juger correctement la réalité, il faut reconnaître comme tels ces bons et ces mauvais côtés.

# 206

D'un certain point de vue, il est possible de tout voir sous un jour positif. Même la souffrance peut être considérée comme bénéfique. Je remarque que ceux qui ont traversé de nombreuses épreuves ne se lamentent d'habitude pas à la moindre difficulté. Les peines qu'ils ont connues ont forgé leur tempérament, leur ont donné une vision plus large, un esprit plus stable, plus proche de la réalité, davantage à même de voir les choses telles qu'elles sont. Ceux qui ne rencontrent aucun problème et passent leur vie dans du coton se dissocient du réel. Face à un petit tracas, ils « remplissent le pays de lamentations ».

# 207

J'ai perdu mon pays, j'ai passé la plus grande partie de ma vie en exil, mon peuple a été torturé, massacré, les temples rasés, la civilisation détruite, le pays saccagé, les ressources pillées. Il n'y a là aucun motif de réjouissance. Pourtant, je me suis par ailleurs considérablement enrichi au contact d'autres peuples, d'autres religions, d'autres cultures, d'autres sciences. J'ai trouvé des formes de liberté et des visions du monde que je ne connaissais pas.

# 208

Dans la communauté tibétaine en exil, c'est souvent parmi ceux qui ont le plus souffert qu'on trouve les gens les plus joyeux et les plus inébranlables intérieurement. Des personnes, après avoir passé vingt ans en prison dans des conditions effroyables, m'ont dit que cela avait été, du point de vue spirituel, les meilleures années de leur vie. Un moine de mon monastère a été cruellement torturé pendant des années pour qu'il renonce à sa foi. Quand il a pu s'enfuir en Inde, je lui ai demandé s'il avait eu peur. Il m'a répondu sincèrement que sa seule peur avait été de ne plus avoir de compassion envers ses bourreaux.

# 209

Ceux qui, en France, en Allemagne, en Angleterre et ailleurs ont connu la Seconde Guerre mondiale et la difficile période de pénurie qui lui a succédé ne sont pas ébranlés par les tracas mineurs. Ils sont contents de leur sort parce qu'ils ont vu bien pire. À l'inverse, ceux qui n'ont pas vécu cette guerre et vivent heureux comme dans un jardin d'enfants, ceux-là gémissent et s'évanouissent presque devant les difficultés. Quand le bonheur est là, ils ne savent pas le reconnaître.

# 210

Parmi les nouvelles générations, certains ne se satisfont pas du progrès matériel et se tournent vers la vie spirituelle, ce qui m'apparaît comme positif. Quoi qu'il en soit, soyez conscient que le monde est fait de bonnes et de mauvaises choses, et que ce que nous prenons pour la réalité est pour une grande part fabriqué par notre esprit.

## 211

Certaines personnes, dès leur réveil, sont envahies par une angoisse inexplicable. Ce sentiment peut avoir toutes sortes de causes. Certains ont été maltraités par leurs parents ou leurs frères et sœurs quand ils étaient petits. D'autres ont été abusés sexuellement. On leur a fait violence, et ils ont du mal à en parler. Peu à peu une sorte de peur s'installe en eux, ils se sentent mal.

Lorsqu'ils parviennent à exprimer ce qu'ils ont vécu, s'il se trouve quelqu'un près d'eux pour leur faire comprendre que c'est fini, c'est du passé, ils ont une chance de mettre un point final à ce chapitre de leur vie. Au Tibet, on dit qu'il faut déboucher une conque en soufflant dedans.

# 212

Quand j'étais jeune, j'avais toujours peur des chambres obscures. Le temps a passé et cette peur s'est envolée. C'est la même chose lorsqu'on rencontre des gens : plus votre esprit sera fermé, plus vous aurez peur et moins vous vous sentirez en sécurité. Plus vous serez ouvert, plus vous serez à l'aise. Ceci est le fruit de mon expérience. Quand je rencontre une personne, le fait qu'il s'agisse d'un grand homme, d'un mendiant ou d'une personne ordinaire n'a aucune importance pour moi. Le plus important est de sourire et de montrer un visage ouvert et humain.

# 213

Si vous êtes angoissé parce que vous n'avez aucune confiance en vous et pensez que rien de ce que vous faites ne réussira, réfléchissez un peu. Essayez de voir pourquoi vous vous donnez perdant dès le départ. Vous ne trouverez aucune raison valable. Le problème vient de votre façon de penser, non d'une incapacité réelle.

# 214

La compassion véritable ne peut exister que si on se rend compte que les autres ont droit au bonheur tout comme nous. De cette compassion découle un sens de notre responsabilité. Quand nous développons ce genre de motivations, notre confiance en nous augmente automatiquement. Cela à son tour réduira la peur et aidera à avoir confiance en soi. Si vous êtes fermement déterminés dès le départ à accomplir une tâche difficile, alors même si vous échouez la première fois, la deuxième fois, la troisième fois, cela n'aura aucune importance. Votre objectif est clair et vous continuerez donc à faire des efforts.

# 215

Un moyen efficace de combattre l'angoisse est de se préoccuper moins de soi et plus des autres. Quand nous voyons vraiment les difficultés d'autrui, les nôtres perdent de leur importance. Quand nous leur portons secours, notre confiance augmente et notre angoisse diminue. Il faut bien sûr que le désir d'aider soit sincère. S'il n'a pour but que de nous libérer de notre malaise, il nous ramènera inévitablement à nous-même et à nos peurs.

# 216

Il est difficile de parler du suicide. Les raisons de se tuer sont très nombreuses. Il y a ceux qui sont envahis par l'inquiétude ou l'angoisse ; ceux qui sont désespérés ; ceux qui se tuent par orgueil à cause de ce que les autres leur ont fait ou pas fait ; ceux qui sont persuadés qu'ils n'arriveront jamais à rien ; ceux qui éprouvent un désir violent et se tuent par colère quand ce désir n'est pas satisfait ; ceux qui se laissent submerger par la tristesse, et tant d'autres cas.

# 217

D'une manière générale, celui qui se tue supprime toute solution future à son problème. Même si jusqu'à présent il n'a rencontré que des difficultés, rien ne prouve qu'il ne trouvera pas un jour le moyen de les résoudre.

## 218

La plupart des suicides sont commis à un moment d'émotion extrême. En tant qu'être humain, nous ne pouvons pas prendre une décision aussi radicale sur le seul coup de la colère, du désir ou de l'angoisse. Agir de façon impulsive, c'est courir de grands risques de se tromper. Puisque nous sommes capable de réfléchir, attendons d'être calme et détendu avant de commettre l'irréparable.

# 219

Mon tuteur Thrijang Rinpoché m'a raconté l'histoire d'un homme de la province du Khams qui était extrêmement malheureux et avait décidé de se jeter dans le fleuve Tsangpo, à Lhassa. Il avait emporté avec lui une bouteille d'alcool et s'était dit qu'il sauterait une fois qu'il l'aurait bue. Au début, il était envahi par son émotion. Arrivé au bord du fleuve, il est resté un moment assis sur la berge. Comme il ne se décidait pas à sauter, il a commencé à boire un peu d'alcool. Et comme cela ne lui donnait toujours pas assez de courage, il en a bu encore un peu. Finalement il est retourné chez lui, la bouteille vide sous le bras.

## Méditations sur la solitude et l'isolement

# 220

J'ai appris en lisant un sondage qu'une majorité d'Américains déclaraient souffrir de la solitude. Un quart des adultes avouaient s'être sentis profondément seuls au cours des deux dernières semaines. Ce phénomène semble être extrêmement répandu.

Dans les rues des villes, il y a des milliers de gens, mais ils ne s'accordent pas un regard. Si leurs yeux se croisent, ils ne se sourient pas, sauf s'ils se rencontrent de manière formelle. Dans le train, les gens sont assis côte à côte pendant des heures, mais ne se parlent pas. N'est-ce pas étrange ?

# 221

J'ai l'impression que le sentiment de solitude est dû principalement à deux causes. La première est que nous sommes devenus trop nombreux. Quand le monde était moins peuplé, on devait avoir une conscience plus aiguë d'appartenir à la famille humaine, on se connaissait sûrement mieux les uns les autres, le besoin d'entraide était aussi plus grand. De nos jours encore, dans les petits villages de campagne les gens se connaissent, se prêtent leurs outils et leurs machines et font les gros travaux en commun. Autrefois, ils se réunissaient fréquemment, ils allaient à l'église, priaient ensemble. Ils avaient davantage l'occasion de communiquer.

Maintenant que la terre est surpeuplée, des millions de gens s'entassent dans les grandes villes. On croirait, à les voir, que leur seule occupation est de travailler et de recevoir leur salaire. Chacun semble mener une vie indépendante. Les machines modernes nous donnent une grande autonomie et nous avons l'impression, bien entendu fausse, que les autres jouent un rôle de moins en moins important dans notre bien-être. Cette situation favorise l'indifférence et l'impression d'être seul.

## 222

La seconde cause du sentiment de solitude, à mon sens, est que dans nos sociétés modernes nous sommes tous terriblement affairés. Si nous adressons la parole à quelqu'un, même pour lui dire : « Comment ça va ? », nous avons l'impression de perdre deux secondes précieuses de notre vie. À peine avons-nous fini de travailler que nous nous plongeons aussitôt dans la lecture du journal : « Voyons donc quelles sont les nouvelles ! » Discuter avec un ami, c'est gaspiller du temps.

# 223

Dans une ville, on connaît souvent beaucoup de gens. Il faut se dire bonjour. Comme on risque d'engager la conversation avec tout le monde, ce n'est pas vraiment pratique. Alors on évite le contact, et si quelqu'un nous parle, on le ressent comme une intrusion.

# 224

Quand les gens d'une grande ville se sentent seuls, cela ne signifie pas qu'ils manquent de compagnons humains, mais de tendresse humaine. En conséquence, leur santé mentale peut devenir très mauvaise. D'un autre côté, ceux qui grandissent dans une atmosphère chaleureuse ont un développement plus positif et harmonieux de leur corps, de leur esprit et de leurs comportements.

# 225

Nos sociétés se déshumanisent et notre vie prend un aspect mécanique. Le matin, on part au travail. Le travail terminé, on se distrait dans une boîte de nuit ou ailleurs. On s'étourdit, on rentre tard, on se couche quelques heures. Le lendemain, à moitié endormi, l'esprit embrumé, on repart au travail. Les habitants des villes ne passent-ils pas ainsi une bonne partie de leur vie ? Et comme chacun est devenu semblable à une pièce d'un mécanisme, on doit suivre, bon gré mal gré, le mouvement de l'ensemble. Au bout d'un certain temps, cela devient lourd à supporter, et on s'enferme dans l'indifférence.

# 226

N'allez pas trop vous étourdir le soir. Votre travail terminé, il vaut mieux rentrer chez vous. Mangez tranquillement, prenez une tasse de thé ou autre chose, lisez un livre, relaxez-vous et allez vous coucher détendu. Le matin, levez-vous tôt. Si vous partez au travail l'esprit frais et dispos, je pense que votre vie ne sera plus la même.

# 227

Tout le monde sait que le sentiment de solitude n'est ni utile ni agréable. Nous devons tous le combattre. Mais comme il provient d'un grand nombre de causes et de conditions, il faut s'y prendre suffisamment tôt. La famille, cette cellule de base de la société, doit devenir un endroit où l'on se sente heureux, où l'on puisse s'épanouir dans l'amour et l'affection.

## 228

Si vous éprouvez de la haine et du ressentiment pour les autres, il se peut qu'ils ressentent la même chose pour vous, et les soupçons et la peur créeront une distance entre vous et vous vous sentirez seul et isolé. Les membres de votre communauté n'auront pas tous ce genre de sentiments négatifs pour vous, mais certains pourront vous voir sous un jour négatif à cause de vos propres sentiments.

# 229

Si à la maison, et à l'école aussi, les enfants sont élevés dans une ambiance chaleureuse, une fois adultes et engagés dans la société ils seront capables d'aider les autres. Lorsqu'ils rencontreront quelqu'un pour la première fois ils seront à l'aise et n'auront pas peur de lui adresser la parole. Ils contribueront à créer une atmosphère nouvelle où le sentiment de solitude sera beaucoup moins répandu.

## 230

Quand nous sommes sous l'emprise de la colère ou de la haine, nous ne nous sentons pas bien, ni physiquement ni mentalement. Tout le monde s'en rend compte et personne n'a envie de rester avec nous. Même les animaux nous fuient, à part les puces et les moustiques, qui ne veulent que notre sang ! Nous perdons l'appétit, nous ne dormons pas, nous attrapons parfois des ulcères, et si nous sommes continuellement dans cet état nous raccourcissons sûrement le nombre d'années qu'il nous reste à vivre.



À quoi bon ? Même si nous allons jusqu'au bout de notre rage, nous n'éliminerons jamais tous nos ennemis. Connaissez-vous quelqu'un qui y soit parvenu ? Tant que nous hébergeons en nous cet ennemi intérieur qu'est la colère, ou la haine, nous aurons beau détruire nos ennemis extérieurs aujourd'hui, d'autres surgiront demain.

# 231

Nos véritables ennemis sont les poisons mentaux : l'ignorance, la haine, le désir, la jalousie, l'orgueil. Ce sont les seuls capables de détruire notre bonheur. La colère ou la haine, en particulier, sont la cause d'un grand nombre des malheurs de ce monde, depuis les querelles familiales jusqu'aux plus grands conflits. Elles rendent invivable n'importe quelle situation plaisante. Aucune religion ne vante leurs vertus. Toutes mettent l'accent sur l'amour et la bienveillance. Il suffit de lire les différentes descriptions de paradis pour se rendre compte qu'on y parle de paix, de beauté, de jardins exquis, de fleurs, mais jamais, que je sache, de conflits ni de guerres. On n'accorde donc à la colère aucune qualité.

# 232

Que faire de la colère ? Pour certains, elle n'est pas un défaut. Ceux qui n'ont pas l'habitude d'observer leur esprit pensent qu'elle fait partie de leur nature, qu'il ne faut pas la réprimer mais au contraire l'exprimer. Si c'était vrai, il faudrait aussi dire que l'ignorance ou l'illettrisme font partie de notre esprit, puisqu'en naissant nous ne savons rien. Pourtant nous faisons tout pour les éliminer, et personne ne proteste que ce sont des choses naturelles auxquelles il ne faut rien changer. Pourquoi alors ne pas vouloir faire de même avec la haine ou la colère, qui sont beaucoup plus dévastatrices ? Cela vaut certainement la peine d'essayer.

# 233

Il faut du temps pour apprendre et il est impossible de tout connaître, mais il est bon de devenir un peu moins ignorant. De même, il est difficile de se débarrasser pour toujours de la colère, mais si l'on y parvient dans une certaine mesure, le résultat en vaut la peine. Vous pouvez bien sûr me répondre que ça ne regarde que vous, que ce n'est pas mon problème ! *(Éclat de rire.)*

# 234

Les psychologues vous diront peut-être qu'il ne faut pas refouler un sentiment comme la colère, qu'il faut l'extérioriser. En tout cas, ils ne vous diront pas qu'il faut le rechercher ou le développer. Apprenez à voir les défauts de la colère, et même si vous pensez toujours qu'elle fait partie de votre esprit, vous ne pourrez pas vous empêcher de conclure qu'il vaut mieux vous en passer.

# 235

Évitez autant que possible les situations qui provoquent chez vous une réaction violente. Si elles se présentent malgré tout, essayez de ne pas vous emporter. Si vous rencontrez quelqu'un qui a le don de vous irriter, efforcez-vous d'oublier cette particularité fâcheuse et considérez cette personne sous un autre angle.

## 236

Ceux que nous prenons pour des ennemis ne nous sont pas hostiles dès leur naissance. Ils le deviennent à la suite d'un certain nombre de pensées et de comportements. On les étiquette alors « ennemis ». Si leur attitude envers nous change du tout au tout, ils deviennent des « amis ». Une seule et même personne pourrait donc être un jour « ennemi » et un autre jour « ami ». C'est absurde.

# 237

Distinguez bien entre la personne et son attitude momentanée. Ne réagissez pas contre quelqu'un, mais contre une émotion ou un comportement. Rejetez tout désir de nuire à l'individu lui-même. Essayez de l'aider à changer, faites-lui le plus de bien possible. Si vous vous contentez de mettre fin à ses actes tout en manifestant de l'amour, il y a des chances pour qu'il cesse rapidement de se comporter en ennemi. Il deviendra peut-être même votre ami.

## 238

Vous n'avez pas à tolérer le mal qu'on vous fait, à vous ou à d'autres. Combattez-le, mais ne haïssez pas son auteur, ne vous emportez pas contre lui, ne cherchez pas à vous venger. Ainsi votre réaction ne sera pas une revanche, une colère en réponse à une autre colère. C'est cela, la véritable patience. Il est difficile de réagir de manière juste sous le coup de la rage. Oubliez donc votre rage.

# 239

Récemment, alors que j'étais à Jérusalem, j'ai assisté à un débat entre étudiants israéliens et palestiniens. À la fin, un Palestinien a pris la parole pour dire que tout allait bien maintenant, pendant qu'ils dialoguaient, mais une fois qu'ils étaient dans la rue c'était différent. Quand la police israélienne les arrêtait, ils étaient furieux et percevaient les Israéliens comme des ennemis. Il se demandait que faire. Ils en ont discuté et l'idée a surgi de considérer l'autre comme une « image de Dieu ». Un des étudiants a déclaré : « Chaque fois que vous êtes en face d'un homme qui vous fait du tort, quel qu'il soit, pensez que cet homme est une image de Dieu et votre colère disparaîtra. » N'est-ce pas une bonne idée ? Pour ma part, je la trouve excellente.

# 240

Quelqu'un m'a écrit que lorsqu'il méditait, l'image du Dalaï-lama lui venait à l'esprit et que cela lui faisait beaucoup de bien. Maintenant, quand il se met en colère, il pense à moi et la colère disparaît. Je ne sais pas si ma photo a le pouvoir d'apaiser la colère. *(Rire.)* Je pense plutôt que lorsque la colère surgit soudain en nous, si au lieu de nous focaliser sur l'objet qui la provoque nous pensons à quelqu'un ou à quelque chose que nous aimons, notre esprit s'apaise, au moins dans une certaine mesure. Songez par exemple à l'homme ou à la femme dont vous êtes amoureux. Votre esprit sera distrait et, comme on dit, « deux pensées ne peuvent pas surgir simultanément ». Notre esprit prend automatiquement la direction de la nouvelle image, pourvu qu'elle soit plus forte. Celle que nous avions juste avant disparaît.

# 241

Je dis souvent qu'en cédant à la colère nous ne faisons pas nécessairement du tort à notre ennemi, mais en revanche nous nuisons à coup sûr à nous-même. Nous perdons notre paix intérieure, nous ne faisons plus rien correctement, nous digérons mal, nous ne dormons plus, nous repoussons nos visiteurs, nous lançons des regards furieux à ceux qui ont l'audace d'être sur notre passage. Si nous avons un animal de compagnie, nous ne pensons plus à lui donner à manger. Nous rendons la vie impossible à ceux qui habitent avec nous et nous éloignons même nos amis les plus chers. Comme ceux qui compatissent sont de moins en moins nombreux, nous sommes de plus en plus seul.

Quant à notre ennemi supposé, il est peut-être tranquillement assis chez lui. Si un jour nos voisins lui racontent ce qu'ils ont vu ou entendu, il s'en réjouira. S'il entend dire : « Il est vraiment malheureux, il a perdu l'appétit, sa mine est défaite, ses cheveux sont ébouriffés, il dort mal, il prend des tranquillisants, plus personne ne vient le voir, même son chien n'ose plus l'approcher et n'arrête pas de hurler », il sera ravi. Et s'il apprend qu'on a dû nous emmener à l'hôpital, le voilà comblé !

## 242

Le désir a pour but la satisfaction. S'il nous domine et que nous voulons toujours plus, ce but n'est jamais atteint, et au lieu de trouver le bonheur nous trouvons la souffrance. De nos jours, on parle beaucoup de liberté sexuelle. Mais quand on s'adonne au sexe sans retenue, pour le seul plaisir, on n'atteint pas de satisfaction durable et on crée une foule de problèmes dont les conséquences négatives – douleur du conjoint abandonné, couples brisés, vies d'enfants bouleversées, maladies vénériennes, sida – sont sans commune mesure avec les courts instants de plaisir qu'on a pu obtenir.

# 243

Il est dans la nature du désir de resurgir toujours de plus belle, même lorsqu'on croit l'avoir satisfait. Celui qui se laisse prendre à son piège ressemble à l'assoiffé qui boit de l'eau de mer : plus il boit, plus il a soif.

## 244

Tout a des limites. Si nous voulons être riche, nous parviendrons peut-être à gagner énormément d'argent, mais un jour ou l'autre les circonstances nous empêcheront d'avoir davantage, et nous serons frustré. Plutôt que de subir une limite imposée de l'extérieur, mieux vaut s'en fixer une soi-même. Réduisons nos désirs et apprenons le contentement.

# 245

Les désirs sont vraiment la source de problèmes sans fin. Plus ils sont nombreux, plus il faut faire de calculs et d'efforts pour les réaliser. Il y a quelque temps, un homme d'affaires m'a dit que, plus il développait son entreprise, plus il avait envie de s'agrandir encore. Et plus il cherchait à s'agrandir, plus il devait mentir et se battre sans merci avec ses concurrents. Il constatait que vouloir toujours plus n'avait pas de sens, qu'il lui suffisait de réduire la taille de ses affaires pour que la concurrence devienne moins féroce et qu'il puisse travailler honnêtement. J'ai trouvé ses paroles justes.

## 246

Je ne veux pas dire qu'il ne faut plus faire de commerce ni se développer. Le succès économique est une bonne chose. Il permet en particulier de donner du travail à ceux qui n'en ont pas ; c'est bon pour soi, pour les autres, pour toute la société. Si tout le monde menait une vie monastique et vivait de mendicité, l'économie s'écroulerait et nous mourrions tous de faim ! *(Rire.)* Je suis sûr de ce que le Bouddha ferait alors. Il dirait aux moines : « À présent, tous au boulot ! » *(Rire.)*

# 247

L'économie ne doit pas prospérer au détriment des valeurs humaines. Il faut s'en tenir à des pratiques loyales et ne pas sacrifier sa paix intérieure au profit. Si tout devait justifier le profit, pourquoi a-t-on aboli l'esclavage ? Je pense que les idéaux nobles sont les vrais facteurs du progrès.

## Méditations sur la jalousie

# 248

La jalousie nous rend malheureux et nous empêche de progresser spirituellement. Si elle se traduit par de l'agression, elle nuit aussi aux autres. C'est un sentiment extrêmement négatif.

# 249

La jalousie est absurde. Elle n'empêche pas ceux dont on est jaloux d'avoir encore plus d'argent ou de qualités, mais elle crée en soi une nouvelle souffrance. Et quand elle est si forte qu'elle nous pousse à détruire le succès ou la richesse des autres, qu'y a-t-il de plus vil ? Il ne fait aucun doute que cela se retournera tôt ou tard contre soi.

# 250

La jalousie est absurde, car le bien-être d'une société dépend de tous ceux qui la composent. Si certains prospèrent, la société y gagne, et donc, dans une certaine mesure, soi-même aussi. Quand nous voyons quelqu'un de prospère, plutôt que de nous irriter, pensons que c'est également bon pour nous.

# 251

S'il s'agit d'un être que nous aimons ou qui dépend de nous, nous ne pouvons que nous réjouir de son succès. Si nous ne le tenons pas en grande estime mais que sa réussite est bénéfique à la société, réjouissons-nous encore. Tout seul, nous serions incapable de faire prospérer notre pays. Il faut pour cela le concours d'un grand nombre d'efforts et de talents. Puisque cette personne fait partie de ces gens capables, c'est une bonne nouvelle.

# 252

Et même à supposer que celui qui est plus riche ou intelligent que nous n'en fasse profiter que lui-même, que gagnons-nous à suffoquer de jalousie ? Pourquoi autrui n'aurait-il pas le droit d'avoir ce que nous désirons nous-même ?

# 253

Il y a une autre sorte de jalousie qui me semble plus défendable, bien qu'elle n'en reste pas moins une émotion négative. C'est celle qu'éprouve dans un couple celui dont la confiance a été trahie par l'autre. Supposez que deux personnes qui s'aiment vraiment décident de vivre ensemble, s'entendent bien, se fassent entièrement confiance, mettent au monde des enfants, et qu'un jour l'un des deux prenne un amant ou une maîtresse. On comprend facilement que l'autre soit mécontent.

Le jaloux lui-même peut avoir sa part de responsabilité. Quelqu'un m'a raconté qu'il s'était marié, mais que, au fur et à mesure que sa femme et lui devenaient plus intimes et se connaissaient davantage, il avait ressenti une appréhension de plus en plus grande, une aversion même, à l'idée qu'ils allaient tout savoir l'un de l'autre. Il y avait eu des tensions entre eux et la femme était partie vivre avec un autre homme.

Sa réaction m'a paru étonnante. Quand on vit à deux, il est normal qu'on devienne mutuellement de plus en plus proches. Et plus on est proches, moins on a besoin de garder des secrets.

# 254

Le pire défaut de l'orgueil est qu'il nous empêche de nous améliorer. Si vous pensez : « Je sais tout, je suis vraiment bon », vous n'apprendrez plus rien, et c'est une des pires choses qui puisse vous arriver.

# 255

L'orgueil est aussi la source de nombreux problèmes sociaux. Il fait naître la jalousie, l'arrogance, le mépris, l'indifférence, et pousse parfois à commettre toutes sortes d'abus et de violences envers les autres.

# 256

Il faut distinguer l'orgueil de la confiance en soi. La confiance en soi est nécessaire. C'est elle qui nous permet, dans certaines situations, de ne pas perdre courage et de penser, à juste titre : « Je suis capable de réussir. » Elle est différente, à son tour, de l'assurance excessive fondée sur une mauvaise appréciation de nos capacités ou des circonstances.



Si vous pensez être capable d'accomplir une tâche que les autres ne peuvent pas mener à bien, on ne peut pas dire que vous êtes orgueilleux, dans la mesure où votre jugement est fondé. C'est comme si, parmi des gens de petite taille qui veulent saisir un objet placé trop haut pour eux, quelqu'un de grand se présentait et déclarait : « Ne vous fatiguez pas, je peux y arriver. » Il voudrait simplement dire qu'il se trouve être mieux qualifié que les autres pour accomplir une action particulière, et non qu'il est supérieur à eux ou qu'il peut les écraser.

# 257

L'orgueil n'est jamais justifié. Il s'appuie sur une mauvaise évaluation de soi ou sur des succès temporaires et superficiels. Rappelons-nous ses effets négatifs. Prenons conscience de nos défauts et de nos limites et rendons-nous compte que fondamentalement nous ne différons pas de ceux auxquels nous nous pensons supérieurs.

## 258

Certains ont vécu des événements dramatiques. Ils ont vu leurs parents ou d'autres êtres massacrés, on les a violés, torturés. Des années plus tard, ils sont encore hantés par ces images et souvent ne parviennent pas à en parler. Les aider n'est pas simple. La gravité du traumatisme et la rapidité de la guérison dépendent beaucoup du contexte social et culturel. La religion peut aussi jouer un grand rôle. Je pense notamment aux Tibétains, qui, du fait de leur pratique du bouddhisme, sont moins fragilisés par les expériences tragiques.

# 259

Si les victimes ont l'ouverture d'esprit nécessaire pour pardonner, et si ceux qui ont violé, torturé, tué se rendent compte de l'énormité de leurs actes et désirent s'amender, une rencontre entre les deux peut se révéler bénéfique. Elle donnera au bourreau l'occasion de reconnaître ses erreurs et d'exprimer son regret sincère, et à la victime une chance de se libérer, en partie au moins, de son ressentiment. Si les deux trouvent un terrain de réconciliation, n'est-ce pas la meilleure chose à faire ?

## 260

Les victimes ne sont pas toujours les seules à être affectées par des troubles graves. Il y a parfois aussi ceux qui ont fait souffrir. Certains soldats, je pense notamment aux vétérans de la guerre du Vietnam, se remémorent sans cesse les violences ou les atrocités qu'ils ont commises. Longtemps après, ils font encore des cauchemars où ils revoient des scènes de massacre, des explosions, des corps sans tête, et leur esprit demeure profondément perturbé.

# 261

Le problème fréquent des gens ainsi fragilisés est le manque de soutien affectif de ceux qui les entourent. La bonté, l'altruisme, la compassion des autres peuvent contribuer à alléger leur souffrance, mais ils font souvent défaut dans nos sociétés, et les victimes se sentent seules.

Il est cependant possible de les aider, de leur parler, en groupe ou individuellement, d'appliquer différentes méthodes pour les soulager de leurs tourments. Amenons-les à prendre conscience qu'ils ne sont pas seuls, que de très nombreux autres sont dans le même cas, et que beaucoup arrivent à s'en sortir. Parlons-leur des souffrances ou des traumatismes que nous avons peut-être vécus nous-même, expliquons-leur comment nous avons réussi à les surmonter.

## 262

Bien entendu, on ne doit pas se contenter de théories ou de recettes psychologiques. Il faut avoir une intention pure et s'exprimer avec son cœur. Il faut être patient, prêt à persévérer le temps qu'il faut. Quand l'esprit de quelqu'un est profondément perturbé, il ne suffit pas de lui adresser quelques mots de réconfort.

# 263

L'expérience montre que ceux qui ont grandi dans une atmosphère paisible et ont pu développer leurs qualités humaines de manière stable réagissent beaucoup mieux aux traumatismes. À l'inverse, ceux qui sont issus d'un milieu conflictuel ou violent réagissent plus fréquemment de façon négative et mettent plus longtemps à se remettre.

## 264

De même qu'avec un corps robuste on résiste mieux aux maladies et on guérit plus vite, avec un esprit sain on supporte plus facilement les accidents tragiques ou les mauvaises nouvelles. Si notre esprit est faible, ces événements nous perturbent davantage et plus durablement.

Cela ne veut pas dire que nous sommes irrémédiablement conditionnés dès la naissance. En s'entraînant, on peut toujours acquérir une meilleure santé mentale. Mais, à nouveau, l'éducation, l'environnement familial, la société, la religion, les médias et de nombreux autres facteurs joueront un rôle déterminant.

# 265

Si vous avez vécu un drame, prenez conscience que votre inquiétude et vos tourments ne sont qu'un supplément de souffrance qui n'est nullement nécessaire. Parlez de votre problème, évacuez-le, sans le garder secret par pudeur ou par honte, et dites-vous maintenant que ce drame appartient au passé, qu'il ne sert à rien de le transporter avec vous dans le futur. Essayez de tourner votre esprit vers des aspects plus positifs de votre existence.

## 266

Réfléchissez aussi à la façon dont votre souffrance est apparue. Ceux qui font du mal aux autres sont sous l'emprise des trois poisons mentaux – l'ignorance, la haine et le désir – et ne contrôlent pas leur esprit. Or nous avons tous en nous ces trois poisons. Il suffirait qu'il nous dominent davantage pour que nous commettions nous aussi des actes extrêmes. À l'inverse, il est concevable qu'un criminel puisse un jour contrôler ses émotions négatives et devenir un être bienveillant. On ne peut porter sur personne de jugement définitif.

# 267

Sous l'effet de nos tendances ou des circonstances, il nous arrive de faire des choses habituellement impensables. Sous l'illusion de concepts aussi vains que le racisme ou le nationalisme, certains, sans être a priori des criminels, commettent des actes d'une grande violence ou d'une grande cruauté. Pensons-y quand d'autres nous font du mal. Nous serons forcé de conclure que notre souffrance est due au concours d'un grand nombre de facteurs, et qu'il est impossible d'en faire porter toute la responsabilité à un seul être, à une seule cause. Nous verrons le problème sous un angle différent.

# 268

Il arrive qu'en présence d'un inconnu nous prenions une attitude exagérément réservée ou distante. Ce n'est pas un comportement logique. En fait, nous n'avons aucune raison de craindre le contact des autres. Il suffit de se rendre compte que ce sont des êtres comme nous, avec les mêmes aspirations et les mêmes besoins, pour qu'il devienne facile de rompre la glace et de communiquer.

# 269

Lorsque je rencontre quelqu'un de nouveau, je me dis avant tout que c'est un être humain qui désire être heureux et ne pas souffrir, au même titre que moi. Peu importe son âge, sa taille, sa couleur de peau ou son rang, il n'y a aucune différence fondamentale entre nous. Dans ces conditions, je peux m'ouvrir à lui comme à quelqu'un de la même famille, et toute trace de timidité s'évanouit.

# 270

La timidité vient souvent du manque de confiance en soi et de l'attachement excessif aux formalités, aux conventions sociales. On est prisonnier d'une image qu'on souhaite présenter aux autres. Il s'agit d'une conduite artificielle, et nos tendances naturelles nous le rappellent parfois impérativement. Lorsqu'on a un besoin pressant de soulager sa vessie, on peut faire comme si tout allait bien pendant un moment, mais on ne peut pas laisser la situation s'éterniser !

# 271

On est aussi timide par désir de se protéger, par excès de conscience de soi. Mais, paradoxalement, plus on se protège, moins on a confiance en soi, et plus on devient timide. À l'inverse, plus on s'ouvre aux autres en faisant preuve d'amour et de compassion, moins on est obsédé par soi-même, et plus on acquiert d'assurance.

## Méditation sur l'indécision

# 272

Dans la vie, nous avons besoin d'un minimum de courage pour faire des choix. Mais comme il n'est pas bon de se décider de manière impulsive, une certaine dose d'indécision est nécessaire, le temps d'évaluer correctement la situation ou de consulter des gens plus avisés que nous. Jusqu'à un certain point, l'indécision est donc utile. Mais une fois le pour et le contre pesés, il faut avoir la force de se décider, quels que soient les problèmes éventuels auxquels on devra faire face.

J'avoue que je n'applique pas toujours mon propre conseil. Dans mes réunions avec les membres du Kashag (le cabinet des ministres du gouvernement tibétain en exil), il m'arrive de prendre une décision sur un sujet d'actualité puis, après le déjeuner, d'avoir une autre pensée et de me dire : « J'aurais mieux fait de décider autrement ! » *(Éclats de rire.)* Je n'ai donc pas grand-chose à conseiller !

# 273

La haine de soi est une attitude très négative. Si l'on creuse un peu derrière les apparences, on s'aperçoit que cette haine n'est que le résultat d'une trop haute idée qu'on a de sa personne. On veut à tout prix être le meilleur, et s'il manque le plus petit détail à notre image idéale, on ne peut le supporter. C'est une forme d'orgueil.

# 274

La première fois que j'ai entendu parler de la haine de soi, j'ai été très surpris. Je me suis demandé comment on pouvait se haïr soi-même. Tous les êtres s'aiment, même les animaux. En y réfléchissant, je me suis dit que ce n'était qu'une forme d'amour de soi exacerbé.

# 275

Une chose est sûre. Sans être bienveillant avec soi-même, on ne peut pas l'être avec les autres. Pour éprouver envers les autres de l'amour, de la tendresse, vouloir qu'ils soient heureux et ne souffrent pas, nous devons d'abord avoir ces sentiments envers nous-même. Nous pouvons alors comprendre que les autres ont les mêmes aspirations que nous, et l'amour, la compassion deviennent possibles. Quand on se hait soi-même, on ne peut pas aimer les autres. Et si l'on ne fait rien pour changer d'attitude, on a très peu de chances de trouver la paix et la joie intérieures. On gâche sa vie, c'est stupide. Je ne devrais peut-être pas parler ainsi, mais c'est la vérité.

# 276

Pour remédier à la haine de soi, prenez conscience de l'image fausse que vous avez de vous-même et cultivez la confiance authentique et saine, celle qui s'appuie sur vos qualités humaines fondamentales. Soyez humble et tournez-vous davantage vers les autres.

## Méditations sur l'alcoolisme et l'usage de la drogue

### 277

Ceux qui prennent de l'alcool ou des drogues savent généralement qu'ils se détruisent, mais ne trouvent pas en eux la détermination nécessaire pour s'arrêter. Cette faiblesse, comme la fragilité face aux traumatismes dont nous avons parlé précédemment, est souvent un trait de notre personnalité.

# 278

Tout le monde sait que les drogues nuisent à la santé et rendent l'esprit confus. Même si elles calment momentanément la peur ou l'angoisse, elles sont incapables de faire disparaître la souffrance. Elles la masquent provisoirement. Pour vaincre la souffrance, il faut d'abord l'identifier, en reconnaître la nature et les causes, ce que la confusion créée par ces substances rend impossible.

# 279

Dans un documentaire télévisé de la BBC, j'ai entendu de jeunes Russes déclarer que le plaisir de la drogue dépassait de loin le plaisir sexuel, qui est pourtant supposé être le plus intense chez l'homme comme chez l'animal. On mesure le pouvoir qu'ont ces substances de faire oublier les dangers auxquels elles exposent. Comment l'oubli et la confusion pourraient-ils nous délivrer de nos problèmes ? Je dis souvent en plaisantant que notre esprit est déjà suffisamment en proie à l'égarement pour qu'il soit nécessaire d'en rajouter.

## 280

L'éducation, le soutien des autres et l'analyse lucide des effets négatifs des drogues peuvent vous aider à trouver la force nécessaire pour réagir. Au lieu de chercher rapidement un bonheur factice et éphémère qui finit immanquablement dans la souffrance, cultivez en vous-même la paix et le bonheur intérieurs qui ne dépendent pas de circonstances ni de supports extérieurs. Comme je l'ai dit précédemment dans mes méditations sur la jeunesse, reposez-vous sur vos qualités propres, ayez confiance en votre propre nature, apprenez à vous tenir debout tout seul. Tournez-vous aussi davantage vers les autres. Je suis convaincu que le courage augmente en même temps que l'altruisme.

## 281

De façon générale, les étiquettes de bon ou de mauvais, de beau ou de laid que nous apposons sur les êtres et les choses sont déterminées par notre désir. On appelle bon ce qu'on aime et mauvais ce qu'on déteste. Ce sont des inventions de notre esprit. Si la beauté existait dans l'objet lui-même, nous serions tous irrésistiblement attirés par les mêmes êtres et les mêmes choses.

# 282

Le désir sexuel, qui focalise tous nos sens à la fois, exerce sur nous un effet particulièrement puissant, capable de transformer nos perceptions de manière radicale. Dans la passion amoureuse, l'homme ou la femme que nous désirons nous paraît à tous points de vue parfait, immuable, digne d'être aimé pour toujours. Chaque détail de sa personne possède une aura extraordinaire. Nous n'imaginons pas de pouvoir vivre sans lui ou sans elle. Malheureusement, comme tout est par nature en changement, ce que nous percevons comme adorable peut soudain perdre son attrait à la suite d'une parole ou d'un geste, même infime. Pire encore, si nous découvrons que cette personne qui était à nos yeux totalement parfaite aime quelqu'un d'autre, elle peut tout à coup devenir totalement détestable.

# 283

Si ce genre d'attachement vous pèse trop, examinez votre situation de manière détendue et sous les différents aspects possibles. Songez que tout fluctue et que le bon et l'agréable ne sont que des fabrications de notre esprit. Vous aurez alors certainement un autre point de vue. Parfois, il suffit de vous demander comment vous percevrez l'objet de votre amour si soudain vous apprenez qu'il vous trompe, ou encore de l'imaginer en train de faire quelque chose qui ne correspond pas du tout à l'image idéale que vous en avez.

# 284

Faisons la distinction entre le véritable amour et l'attachement. Le premier, idéalement, n'attend rien en retour et ne dépend pas des circonstances. Le second ne peut que changer au gré des évènements et des émotions.

# 285

Quant à la relation amoureuse, qui dépend pour une part plus ou moins grande de l'attraction sexuelle, elle ne peut être authentique et durable que si le choix de notre partenaire n'est pas seulement fondé sur l'attraction physique, mais sur une connaissance et un respect mutuels.

# 286

Il arrive fréquemment que nous percevions la réalité de manière fausse et que nous l'exprimions dans nos paroles, sans avoir vraiment l'intention de mentir. Au Tibet, on raconte l'histoire de l'homme qui a vu un gros poisson et à qui on demande quelle taille il avait. Il répond, en joignant le geste à la parole, qu'il était vraiment très gros. Les autres insistent. Combien exactement ? La taille du poisson devient plus modeste. Sans blaguer, combien faisait-il ? Cette fois, le poisson est devenu carrément petit. On ne peut pas dire qu'au début l'homme mentait. Il ne faisait simplement pas attention à ce qu'il disait.



C'est bizarre, mais certains semblent toujours s'exprimer de cette façon. Les Tibétains sont assez coutumiers du fait. Quand ils racontent quelque chose, ils n'ont pas à donner de preuve, personne ne cherche à savoir d'où vient la nouvelle ni comment elle est arrivée. Ceux qui ont cette tendance devraient faire davantage attention à ce qu'ils disent.

# 287

D'un certain point de vue, il est bon de parler peu, et seulement lorsqu'on a quelque chose d'important à dire. Le langage est un des traits caractéristiques et extraordinaires de la race humaine. Les concepts et les mots que nous utilisons isolent artificiellement les choses, alors que les objets qu'ils désignent possèdent d'innombrables facettes qui changent sans cesse et résultent d'un nombre tout aussi incalculable de causes et de conditions.

Quand on nomme un aspect de la réalité, on élimine mentalement tous les autres et on désigne l'objet choisi par un mot qui ne s'applique qu'à lui et permet de le reconnaître. Ensuite, selon l'usage qu'on fait de cet objet, on établit des distinctions : celui-ci est bon, celui-là est mauvais, et ainsi de suite, alors qu'il est en fait impossible d'attribuer des propriétés intrinsèques à quoi que ce soit. Il en résulte une vision de la réalité qui est au mieux partielle et au pire carrément fausse. Aussi riche que soit le langage, son pouvoir est donc très réduit. Seule l'expérience non conceptuelle permet de percevoir la véritable nature des choses.

## 288

Ce problème du langage se retrouve dans de nombreux domaines, en politique par exemple. Les politiciens élaborent des programmes simples pour résoudre des problèmes complexes liés à de nombreux facteurs. Ils font comme s'ils pouvaient trouver des solutions par l'intermédiaire de concepts et de mots comme marxisme, socialisme, libéralisme, protectionnisme, etc. Parmi la masse des causes et des conditions responsables d'une situation donnée, ils en isolent une ou deux et ne prennent pas en compte la multitude des autres. Ils n'ont donc jamais la vraie réponse, et tous les malentendus sont possibles. À mon sens, c'est la source même des problèmes. Malheureusement, nous n'avons pas d'autre choix que de passer par les mots et les concepts.

# 289

Il vaut mieux n'utiliser le langage que lorsque c'est utile. Parler beaucoup sans véritable nécessité, c'est comme laisser pousser des milliers d'herbes inutiles dans un jardin. N'est-il pas préférable d'en avoir moins ?

## Méditations sur la médisance

# 290

En général, si une personne me critique, et même m'insulte, je l'y invite volontiers, pourvu que son intention soit bonne. Si nous voyons chez quelqu'un une faute, mais que nous lui répétons que tout va bien, ça n'a aucun sens, ça n'est d'aucune aide. Si nous lui disons que ce qu'il fait n'est pas trop grave tout en nous répandant en médisances quand il a le dos tourné, ce n'est pas bon non plus. Disons ce que nous pensons en face. Clarifions ce qui doit l'être. Séparons le vrai du faux. Si nous avons des doutes, exprimons-les. Même si nos paroles doivent être un peu dures, prononçons-les quand même. Nous y gagnerons en clarté, et les ragots perdront leur fondement. Si nous n'utilisons que des politesses mielleuses, il restera toujours une base pour les rumeurs mensongères. Personnellement, j'aime les propos directs.

# 291

Un jour quelqu'un m'a dit : « Selon Mao Zedong, il faut oser penser, oser parler et oser agir. » Il est vrai que pour travailler et pour entreprendre nous avons besoin de penser. Nous devons aussi avoir le courage de dire ce que nous pensons et de faire ce que nous disons. Si personne n'agit, aucun progrès n'est possible et aucune erreur ne peut être corrigée. Mais on doit également se demander si ce qu'on va dire ou faire sera utile à quelque chose.

# 292

Si avec la meilleure intention du monde nous disons des choses blessantes à quelqu'un et que cela ne lui fait aucun bien, notre manière trop violente ou trop directe n'aura pas atteint son but. Cette personne avait peut-être besoin d'un pieux mensonge !

# 293

Dans le bouddhisme hīnayāna[1], les sept actes négatifs du corps et de la parole – le meurtre, le vol, l'inconduite sexuelle, le mensonge, la calomnie, les paroles violentes et les propos sans suite – sont proscrits. Dans le bouddhisme mahāyāna[2], par contre, même un acte aussi négatif que celui de tuer est admis, s'il est absolument nécessaire pour le bien des autres et ne s'accompagne d'aucun désir égoïste.

1. Voir note p. 60.

2. *Ibid.*

## 294

Je pense qu'en général il faut dire la vérité, et que même si on l'exprime en termes durs, cela peut être bénéfique. Mais il faut éviter de critiquer ou d'insulter n'importe qui, n'importe comment, avec une intention malfaisante ou une vision négative des choses. Dans ce cas nos paroles font souffrir les autres, on ne se sent pas bien soi-même, et l'on rend aussitôt l'atmosphère irrespirable.

## 295

Nous faisons parfois souffrir les autres par ignorance, sans savoir qu'ils souffrent. Nous sommes rarement conscient, par exemple, que les animaux ressentent eux aussi le plaisir et la douleur. Nous ne comprenons pas vraiment non plus la souffrance de nos congénères, sauf si nous l'avons vécue nous-même. Évidemment, ce sont eux qui souffrent, pas nous. Ce n'est qu'en se disant : « Quand on me bat, quand on m'insulte, je souffre comme ceci ou comme cela » qu'on peut se faire une idée de ce qu'ils éprouvent.

## 296

Certains ne se soucient pas du tout du mal qu'ils font aux autres. Ils pensent que l'essentiel, c'est qu'eux-mêmes s'en tirent sans dommage. C'est à nouveau un problème d'inconscience. Plus on fait souffrir les autres, plus on accumule les causes de sa propre souffrance. En outre, comme on nuit à la société, on nuit doublement à soi-même.

# 297

Si nous avons très mal agi envers autrui, regrettons-le. Reconnaissons nos erreurs, mais sans penser que nous nous condamnons ainsi à ne plus pouvoir vivre normalement. N'oublions pas ce que nous avons fait, mais ne nous laissons pas déprimer ou briser par le remords. Ne soyons pas indifférent, ce qui équivaudrait à oublier, mais pardonnons-nous à nous-même : « Je me suis trompé dans le passé, mais cela ne se reproduira plus. Je suis un être humain, je suis capable de me libérer de mes erreurs. » Si nous perdons espoir, c'est que nous ne nous sommes pas pardonné.

# 298

Allons voir si possible celui ou celle à qui nous avons nui. Disons-leur sincèrement : « J'ai été malveillant avec vous, je vous ai fait beaucoup de tort, pardonnez-moi. » Si l'autre apprécie notre repentir et que son ressentiment disparaît, n'est-ce pas ce que le bouddhisme appelle une « confession réparatrice » ?

# 299

Mais il n'est pas nécessaire d'en faire une notion religieuse. Il suffit de tendre la main à ceux qu'on a fait souffrir, de reconnaître qu'on s'est trompé, d'exprimer son regret sincère, et ainsi d'apaiser les rancœurs. Bien sûr, pour que ce soit possible, il faut que des deux côtés on soit capable d'une grande ouverture d'esprit.

# 300

Je pense que le désir de nuire n'est pas inné. Il n'est pas en nous dès la naissance, il surgit par la suite. Il est du domaine des fabrications mentales. Hitler s'est mis à penser que les Juifs étaient des êtres nuisibles qu'il fallait éliminer, et cette idée s'est développée au point qu'elle a éclipsé les autres et chassé tout sentiment de compassion.

# 301

Toute vision de l'autre comme ennemi provient de l'imaginaire. En termes bouddhistes, ce phénomène est qualifié d'artificiel, de fabriqué, par opposition à ce qui existe naturellement. Une pensée surgit, on la croit vraie, on lui accorde une grande importance, on bâtit sur elle un programme, et on met ce programme à exécution sans se soucier des souffrances qu'on inflige aux autres.

# 302

Pour amener à changer d'attitude ceux qui se fourvoient de la sorte, il faut d'abord faire appel à leur humanité profonde et trouver le moyen de les détacher un tant soit peu de leur idéologie. Alors seulement on a une chance de pouvoir les raisonner. Si l'on n'y parvient pas, il ne reste que la force. Mais pas n'importe quelle force : même si les autres ont commis des crimes horribles, on doit toujours les traiter avec humanité. C'est la seule méthode possible, si on veut les voir changer un jour.

# 303

L'amour est l'ultime moyen de transformer les êtres, même lorsqu'ils sont remplis de colère et de haine. Manifestez cet amour continuellement, sans varier, sans vous lasser, et vous les toucherez. Cela prend beaucoup de temps. Il faut avoir énormément de patience. Mais si votre intention est parfaitement pure et que votre amour et votre compassion ne varient pas, vous réussirez.

## Méditations sur l'indifférence

# 304

L'indifférence, surtout à l'égard des autres, est l'un des pires défauts qui soient. Ne penser qu'à soi-même en se fichant de ce qui arrive à son prochain est le signe d'une vision du monde trop étroite, d'une envergure de pensée trop faible, d'un intérieur trop étriqué.

# 305

Dès notre conception nous dépendons des autres. Le bonheur et le futur de notre monde, toutes les facilités dont nous disposons, le moindre objet que nous utilisons, notre simple survie quotidienne sont le résultat du travail des hommes. La prière et les autres pratiques spirituelles ont également un effet certain, mais c'est surtout l'activité des hommes qui façonne le monde.

# 306

Tout existe en termes de relation, d'interdépendance. On ne peut rien trouver qui existe en soi et par soi. Il est donc impossible de concevoir son propre intérêt indépendamment de celui d'autrui.

# 307

Ce que nous faisons à chaque instant engendre des circonstances nouvelles, qui elles-mêmes contribuent à l'apparition d'autres événements. Quoi que nous fassions, nous participons, volontairement ou pas, à la chaîne des causes et des effets. De même, nos souffrances et nos plaisirs futurs sont le résultat de causes et de conditions présentes, même si la complexité de cet enchaînement nous échappe. Nous sommes donc responsable, vis-à-vis de nous-même et vis-à-vis des autres.

# 308

L'indifférent qui ne se soucie ni du bien des autres ni des causes de son bonheur à venir ne peut que préparer son propre malheur.

# V

# Méditations sur la vie spirituelle

Naropa (« l'élève sans crainte »), *mahasiddha* (« grand maître ») du bouddhisme indien.

Peinture murale (détail), XVIIe siècle.
Monastère de Gompa fondé vers 1638,
Hemis (Ladakh).

Crédit : Jean-Louis Nou / AKG – Paris

# 309

Tout le monde est libre de croire ou de ne pas croire. Mais à partir du moment où vous avez une religion et croyez à ce qu'elle enseigne, accordez-lui une grande importance et évitez d'avoir la foi un jour sur deux. N'agissez pas n'importe comment et faites en sorte que vos pensées correspondent à ce que vous dites.

# 310

Certains pensent : « Si j'ai foi dans le bouddhisme, je dois être capable de le vivre de façon totale et parfaite, sinon j'abandonne. » Cette attitude du tout ou rien est fréquente chez les Occidentaux. Malheureusement, il est difficile d'atteindre la perfection du jour au lendemain.

# 311

C'est par un entraînement progressif qu'on parvient au but : n'est-ce pas là un point essentiel ? Ne vous dites pas non plus : « Que je pratique ou pas, ça ne fait aucune différence, je n'y arriverai jamais. » Fixez-vous un objectif, mettez en œuvre les moyens de l'atteindre, et peu à peu vous l'atteindrez.

# 312

Chacun a sa nature et ses aspirations propres, et ce qui convient aux uns ne convient pas nécessairement aux autres. C'est un point qu'il faut absolument garder à l'esprit quand on juge les autres religions et voies spirituelles. Leur diversité correspond à celle des êtres, et même si elles ne se perçoivent pas forcément de cette manière, il n'en reste pas moins qu'un grand nombre d'êtres y ont trouvé et y trouvent encore un grand secours. Gardons cela à l'esprit et accordons à toutes les religions le respect qu'elles méritent. C'est très important.

# 313

Toutes les religions ont leurs rituels. Mais elles comportent aussi des aspects plus fondamentaux. La pratique essentielle du bouddhisme, par exemple, est la maîtrise de l'esprit. Mais comme ce n'est pas facile et que cela demande un effort assidu, beaucoup d'entre nous ne lui accordent qu'une importance secondaire. D'un côté on a foi dans le bouddhisme, mais de l'autre on est incapable d'aller jusqu'au bout de sa foi. On se contente de rites extérieurs, de manifestations superficielles de la dévotion, de textes qu'on ne récite qu'avec les lèvres.

Dans les rituels tibétains, on aime se servir de tambours, de cloches, de cymbales et d'autres instruments de musique. Ceux qui regardent se disent : « Voilà des gens qui pratiquent le bouddhisme ! » Mais, en réalité, on attache peu d'importance aux réflexions qui détournent l'esprit du monde illusoire, à l'amour, à la compassion et à l'esprit d'Éveil, ces pratiques plus profondes auxquelles on devrait consacrer toute son énergie. N'est-ce pas la vérité ?

Dans tous les cas, cela veut dire que l'on ne s'est pas transformé, on est resté comme les autres.

# 314

Les religions sont un peu comme des remèdes. Les remèdes montrent leur efficacité quand on est malade, pas quand on est en bonne santé. Quand tout va bien, on ne les expose pas aux autres en disant : « Celui-ci est excellent, celui-là est cher, cet autre a une belle couleur. » Quelle que soit leur apparence, leur seule fonction est de guérir les maladies. S'ils n'ont aucune utilité à ce moment-là, il n'y a pas de raison d'en faire étalage.

De même, une religion ou une voie spirituelle doit être utile au moment où notre esprit est en difficulté. Si on l'exhibe quand tout va bien, et qu'on reste pareil au commun des mortels quand les problèmes se présentent, à quoi bon ?

# 315

L'important, c'est de mêler intimement à son esprit l'enseignement ou la pratique que l'on reçoit, et de les appliquer dans la vie de tous les jours. Ce n'est pas quelque chose dont on devient capable tout d'un coup. Cela vient peu à peu, à force d'entraînement.

# 316

Les gens sans religion sont très nombreux. C'est leur droit, et personne ne peut les forcer à changer. L'important est que leur vie ait un sens, c'est-à-dire, au fond, qu'ils soient heureux. Heureux, mais sans nuire aux autres. Si notre satisfaction passe par la souffrance d'autrui, nous aurons tôt ou tard à souffrir nous-même.

# 317

La durée maximale de la vie est d'environ cent ans. C'est très court, comparé aux périodes géologiques. Si nous passons ce bref instant à faire du mal, notre vie n'a aucun sens. Tout le monde a droit au bonheur, mais personne n'a le droit de détruire celui des autres. Le but de l'existence humaine ne peut être en aucun cas de faire souffrir qui que ce soit.

# 318

Même si nous atteignons le sommet de la connaissance ou de la richesse, sans respect ni compassion pour autrui notre existence n'est pas digne d'un être humain. Vivre heureux en faisant le moins de mal possible, voilà ce à quoi les humains ont droit, et ce qui vaut la peine d'être accompli.

# 319

Pour la grande majorité d'entre nous, le bonheur repose sur la possession de biens matériels. Pourtant il est clair que ces biens, à eux seuls, sont incapables de nous satisfaire. Il suffit d'observer autour de soi. On voit des gens qui ont tout le confort souhaitable, mais qui prennent des tranquillisants ou sombrent dans l'alcoolisme pour calmer leur angoisse. À l'inverse, on en voit qui ne possèdent rien, mais sont heureux, détendus, en bonne santé et vivent très vieux.

# 320

Le plus important, répétons-le, ce n'est pas la satisfaction grossière ou immédiate des sens, mais celle de l'esprit. C'est pourquoi être bon, aider les autres, modérer ses désirs, se satisfaire de son sort, tout cela ne concerne donc pas seulement ceux qui suivent une religion. Je n'en parle pas comme de moyens de plaire à Dieu ou de s'assurer une bonne renaissance. Je dis que ceux qui veulent connaître la paix intérieure ne peuvent s'en passer.

# 321

Au fur et à mesure des progrès économiques et technologiques, nous dépendons de plus en plus étroitement les uns des autres. Tout ce que nous faisons a une influence, tôt ou tard, sur le reste du monde. L'état du monde, à son tour, se répercute en termes de bonheur ou de malheur sur chaque individu. On ne peut plus se contenter, comme jadis, d'avoir sur les choses un regard limité, de prendre en compte un seul élément, une seule cause, un seul facteur. De nos jours, chaque situation doit être envisagée sous ses aspects multiples.

# 322

Je ne dis pas qu'il faut renoncer à son bonheur pour ne se consacrer qu'à celui des autres. Je dis que les deux sont inséparables. Si nous nous sentons concerné par la paix et le bonheur de tous sur cette Terre, apprenons à voir les choses de manière plus vaste et mesurons l'importance du comportement de chacun.

# 323

Nous sommes environ six milliards d'êtres humains sur la Terre. Parmi ces six milliards, une majorité s'intéresse surtout au confort matériel et guère à la religion ou à la vie spirituelle. Les non-croyants constituent donc la plus grande partie de l'humanité, et leur façon de penser et d'agir joue forcément un rôle capital dans l'évolution du monde. Heureusement, pour se comporter de façon humaine, il n'est pas nécessaire d'avoir une croyance religieuse, il suffit d'être humain !

# 324

Même les animaux qui se conduisent de façon sociable attirent les autres autour d'eux, alors que ceux qui sont violents les font fuir. On voit souvent des chiens agressifs dont les autres chiens, même plus gros, se tiennent à bonne distance.

Cela s'applique à plus forte raison aux hommes. Ceux qui se maîtrisent, ont des pensées bienveillantes et des paroles affables ont naturellement beaucoup d'amis. On se sent bien en leur présence et même les animaux s'approchent d'eux. Où qu'ils soient, ils créent une atmosphère si agréable qu'on n'a pas envie de les quitter.

# 325

À l'inverse, quand nos pensées sont incontrôlées, nos propos agressifs, nos actes violents, les autres nous évitent et se sentent mal à l'aise dès qu'ils nous voient. Ils ne s'intéressent pas à ce que nous voulons dire et se détournent quand on fait mine de leur parler. Comment pourraient-ils s'amuser ou être heureux en notre compagnie ? Notre vie devient difficile, n'est-ce pas ?

# 326

Bien que nous soyons si nombreux sur cette Terre, chacun de nous ne voit que lui-même. Nous dépendons des autres pour nous nourrir, nous vêtir, trouver une place dans la société, devenir célèbre, et pourtant nous considérons comme des ennemis ces gens auxquels nous sommes si étroitement lié. Est-ce qu'il n'y a pas là une étonnante contradiction ?

# 327

Il suffit pourtant de se soucier des autres, en pensées et en actes, pour que dans cette vie – je ne parle pas des vies futures – nous soyons heureux, à l'aise avec nous-même ; pour que, chaque fois que nous sommes en difficulté, il y ait quelqu'un qui nous parle et nous porte secours ; pour que même nos ennemis deviennent des amis.

Quand nous ne pensons qu'à nous et considérons les autres comme des adversaires, nous nous heurtons à des difficultés absurdes dont nous sommes le seul responsable. Et même si, dans notre monde moderne, la vie semble impossible sans compétition, nous pouvons faire mieux que les autres sans pour autant les écraser.

# 328

La plupart des religieux renoncent à la vie de famille. Le célibat est considéré comme important dans de nombreuses religions, pour différents motifs. Selon le bouddhisme, pour atteindre l'Éveil il faut d'abord se libérer des poisons mentaux, en commençant par les plus grossiers. Or le principal de ces poisons, celui qui nous enchaîne le plus sûrement dans le samsara, le cercle des renaissances, c'est le désir. Si l'on étudie les douze liens interdépendants qui sont les différentes étapes de notre assujettissement au samsara, on se rend compte que sans le désir et sa mise en œuvre, le karma acquis dans le passé ne pourrait pas prendre effet.

# 329

Parmi les différentes formes du désir, le désir sexuel est le plus puissant, car il implique l'attachement simultané aux cinq objets des sens : la forme, le son, l'odeur, le goût et le toucher. C'est pour cela que lorsqu'on veut remédier au désir on s'attaque d'abord au plus brûlant. Puis on procède du plus grossier au plus subtil. En réduisant ainsi le désir et en cultivant le contentement, on progresse sur la voie du non-attachement. Voilà pour le point de vue bouddhiste. Quant aux autres traditions religieuses, elles ont chacune leurs propres explications.

# 330

Sur le plan pratique, les vœux monastiques, qui impliquent le célibat, libèrent ceux qui les prennent d'une partie des liens qui les enchaînent. Les nonnes et les moines qui peuvent se détacher de la vie mondaine n'ont pas à se soucier du regard des autres. Ils se vêtent à peu de frais et leurs besoins matériels se réduisent au minimum.

# 331

Quand on est marié on est, qu'on le veuille ou non, prisonnier d'un certain nombre de préoccupations sociales. Nos frais sont beaucoup plus importants que lorsqu'on est seul ; et plus on dépense, plus on doit travailler, calculer et projeter. Plus on travaille et fait des plans, plus on se heurte à des forces adverses, et plus on est tenté d'entreprendre des actions qui nuisent aux autres. Le passage de la vie de famille à la vie de renonçant, comme celle des nonnes et des moines chrétiens qui cinq ou six fois par jour prient, lisent, méditent et n'ont quasiment aucune activité ni aucun but mondains, ce passage comporte d'immenses avantages.

# 332

Au moment de mourir, le renonçant est plus serein. Les autres ont souvent de nombreux sujets d'inquiétude : « Que va faire mon enfant ? Comment va-t-il aller à l'école ? De quoi est-ce qu'il va vivre ? Et ma femme, que va-t-elle devenir ? Comment est-ce que mon vieux mari se débrouillera sans moi ? Ma jeune épouse va probablement vivre avec un autre homme. » N'est-ce pas des tourments dont il vaudrait mieux se passer au moment de la mort ?



Dans beaucoup de pays, le père est le seul soutien de la famille. S'il meurt, la femme se retrouve démunie et se demande souvent comment elle va vivre. Si elle a des enfants, sa situation est dramatique.

# 333

Avant de se marier, on est préoccupé parce qu'on n'a pas encore trouvé de conjoint. Après le mariage, on n'est pas plus serein pour autant. L'homme se demande si sa femme l'écoute encore, et la femme si elle plaît toujours à l'homme. C'est compliqué.

# 334

Le mariage lui-même est l'occasion de dépenses importantes. Il faut que la fête soit grandiose. En Inde, les gens y consacrent une grande partie de leur richesse. Ils économisent jusqu'à se rationner la nourriture. Une fois l'union célébrée, il y a ceux qui souffrent de ne pas pouvoir faire d'enfants, et ceux qui peuvent, mais n'en veulent pas et se font avorter.



N'est-il pas plus paisible d'éviter tous ces tourments ? Les moines et les nonnes se demandent parfois s'ils ne feraient pas mieux de vivre en couple, mais s'ils se libèrent de cette pensée, ne sont-ils pas plus tranquilles ? La vie de célibataire est réellement plus sereine.

# 335

Certains penseront que j'exprime là un point de vue égoïste. Je n'en suis pas si sûr. Ceux qui se marient le font pour eux-mêmes, pas pour le bien des autres. Or même dans ce but-là ils échouent fréquemment. Quant à ceux qui prennent les vœux de célibat, les nonnes et les moines chrétiens par exemple, ils peuvent se consacrer entièrement à aider les autres, à soigner les malades. Je pense à mère Teresa, qui n'avait pas de mari, pas d'enfants, pas de famille, et vouait tout son temps aux pauvres. Avec une famille, c'est beaucoup plus difficile. Même si la volonté est présente, il y a le travail à la maison, les enfants à l'école, et tout le reste.

# 336

Dans notre gouvernement en exil, si l'on envoie un moine quelque part pour un travail, il peut se libérer sur-le-champ. Si on lui dit d'aller dans un autre pays, pas de problème. Si on lui ordonne de revenir, il revient aussitôt. Demandez la même chose à un commerçant, et les choses deviennent plus compliquées. Il vous dira peut-être : « Je viens d'ouvrir un magasin, je dois rester ici, veuillez m'excuser… »

# 337

Je voudrais maintenant parler des religieux qui instruisent les autres. Tsongkhapa disait que, quelle que soit la voie spirituelle que l'on suive, il ne convient pas de vouloir transformer autrui sans s'être transformé soi-même. Si nous enseignons, par exemple, les méfaits de la colère, nous ne devons pas nous mettre en colère nous-même, ou nous aurons du mal à convaincre. Même chose si nous prêchons la modération des désirs et le contentement.

# 338

Un lama que je connais m'a écrit qu'au Népal, depuis une trentaine d'années, les Tibétains avaient bâti de nombreux monastères, avec des temples somptueux et des statues de grand prix, mais que durant cette même période ils n'avaient pas construit une seule école ni un seul hôpital. Je suis sûr qu'à leur place des prêtres chrétiens n'auraient pas agi ainsi. De jeunes lamas, qui portent normalement les vêtements monastiques, enfilent, le soir venu, un costume et vont à des réceptions mondaines où ils se conduisent comme des personnages importants ou de riches hommes d'affaires. Je me demande si le Bouddha aurait fait de même.

# 339

C'est bien la vérité : le Bouddha a prêché l'humilité et le dévouement à autrui, mais nous n'en avons cure. À mon avis, voilà un cas où il est bon que la presse dénonce les hypocrisies. C'est la seule chose à faire.

Le Bouddha disait qu'il fallait enseigner aux autres selon leurs besoins et se conformer soi-même à ce qu'on enseigne. Mettons donc en pratique les préceptes avant de les délivrer aux autres.

## Méditation sur la vie contemplative

# 340

Le bouddhisme, comme d'autres religions, comporte un certain nombre d'enseignements qui sont étudiés de manière spéculative et transmis de maître à disciple, mais ce sont les contemplatifs qui donnent toute leur valeur à ces enseignements par l'expérience vivante qu'ils en font. Bien que peu nombreux, ils portent véritablement ce qu'on appelle la « bannière de victoire » de la pratique. Au moyen du calme mental et de la vision profonde, ils atteignent les expériences méditatives et la réalisation intérieure, donnant ainsi vie à la connaissance théorique, qui sans cela garderait un caractère un peu mythique ou artificiel. Je ne peux que les encourager.

## Méditations sur la foi

# 341

Il ne fait aucun doute que la foi joue un rôle très important dans toute religion. Mais il faut qu'elle soit motivée par des raisons valables. Nāgārjuna[1], le grand philosophe indien du IIe siècle, disait que la connaissance et la foi devaient aller main dans la main. Il est vrai que dans le bouddhisme on considère la foi comme source de renaissances élevées et la connaissance comme source de l'Éveil, mais il est dit aussi que « la foi découle de la connaissance lucide » ; autrement dit, il faut savoir pourquoi on croit.

1. Voir note 1, p. 59. *(N.d.T.)*

# 342

Dans le bouddhisme, on distingue trois étapes ou niveaux de la foi : l'inspiration, le désir et la conviction. La foi inspirée est une sorte d'admiration que l'on ressent en lisant un texte, en rencontrant un être hors du commun, en entendant parler du Bouddha. La foi désireuse contient la notion d'émulation : on aspire à connaître, à approfondir, à devenir semblable à ce qu'on admire. Ces deux sortes de foi ne sont pas stables, ne reposant pas sur une véritable connaissance. La foi convaincue est fondée sur la compréhension claire que ce à quoi on aspire est possible. Elle s'appuie sur la raison. Dans les soutras, le Bouddha demande à ses disciples de ne pas croire aveuglément à ce qu'il dit, mais de vérifier ses paroles comme l'orfèvre contrôle la pureté de l'or en le battant, le chauffant, l'étirant.

# 343

À moins d'être solidement établie, la dévotion risque d'être éphémère. Certains bouddhistes, tibétains ou autres, ont une très grande dévotion pour un maître spirituel. Mais ils n'en ont soudain plus lorsque ce maître meurt. Ils considèrent que tout est fini, et leur centre d'enseignement ferme ses portes. Pourtant, dans l'absolu, que le maître soit présent ou non en chair et en os ne fait aucune différence. Le maître représente la nature ultime de l'esprit, sa compassion n'est pas limitée par la distance. Celui qui reconnaît cette dimension du maître a peu de chances d'éprouver de l'attachement pour sa forme humaine. Il sait que, même si celui-ci a quitté son enveloppe corporelle, depuis la sphère du corps absolu, ses bénédictions et son activité sont toujours présentes[1].

1. Dans le bouddhisme vajrayāna, le maître authentique avec lequel le disciple noue une relation intime a pour seul but de dévoiler à ce dernier sa véritable nature. Dans un premier temps, la foi dans le maître permet au disciple de s'ouvrir à une réalité plus profonde et au maître de faire mûrir l'esprit du disciple. Au bout du chemin, maître et disciple ne font qu'un : celui-ci a découvert la vraie nature de son esprit, qui n'est autre que le « corps absolu » du bouddha, connaissance et compassion depuis toujours présentes. C'est pourquoi celui qui s'attache à la forme extérieure de son maître ne comprend pas cette réalité et ne retire de son lien avec le maître rien de plus que d'une relation avec un être ordinaire. *(N.d.T.)*

## 344

Si, une fois qu'il a quitté ce monde, nous pensons que notre dévotion n'a plus d'objet, c'est que cette dévotion s'accompagnait d'attachement. Nous tenions à ce maître comme à un compagnon, un être ordinaire, un conjoint, un proche. Dans ce cas, quand il meurt il disparaît bel et bien, et nous ne savons plus que faire. Ce que nous ressentions n'était sans doute pas la véritable dévotion.

MÉDITATIONS SUR LE SECTARISME RELIGIEUX

## 345

Je vois deux manières possibles d'être non sectaire en matière religieuse. D'une part, on peut éprouver du respect pour toutes les confessions. Par exemple je suis bouddhiste, mais en même temps je tiens en haute estime le christianisme et les autres religions. D'autre part, on peut se contenter d'avoir du respect pour les autres religions, mais aussi vouloir les pratiquer. C'est ainsi que certains pratiquent en même temps le christianisme et le bouddhisme. Jusqu'à un certain point, c'est tout à fait possible.

# 346

Lorsqu'on s'engage plus avant dans la voie, c'est un peu différent. Quand on approfondit la « vacuité » et l'interdépendance de toute chose[1], il est difficile d'accepter en même temps l'idée d'un Dieu créateur, existant par lui-même et immuable. De même, pour celui qui croit en un Dieu créateur de l'univers, l'interdépendance pose un problème. À partir d'un certain niveau, on touche à ce qui constitue le fondement de sa religion, et on est obligé, pour ainsi dire, de se spécialiser. Cela n'empêche pas du tout de respecter les autres voies, mais il devient difficile de les pratiquer ensemble[2].



1. La « vacuité », dans son acception bouddhiste, n'est pas le néant, mais le simple fait que rien n'a de réalité intrinsèque. L'interdépendance, terme intimement lié à celui de vacuité et parfois considéré comme

2. Le Dalaï-lama dit parfois que la notion de Dieu ne pose pas de problème au bouddhiste s'il est considéré comme amour infini. Il en pose un s'il est considéré comme cause première. Pour en comprendre les raisons, le lecteur se référera avec profit à *L'Infini dans la paume de la main*, de Matthieu Ricard et Trinh Xuan Thuan, Nil, 2000. *(N.d.T.)*

# 347

En outre, il existe dans le bouddhisme une pratique particulière appelée la « prise de refuge ». Lorsqu'on a pris refuge dans le Bouddha, je ne suis pas sûr qu'on puisse aussi prendre refuge dans le Christ, par exemple, sans aboutir à un dilemme. Je pense qu'il est préférable, dans ce cas particulier, de considérer le Christ comme l'émanation d'un bodhisattva.

## 348

En règle générale, je pense que la religion de nos parents est la plus appropriée pour chacun de nous. En outre, il n'est pas bon de s'impliquer dans une voie religieuse, puis d'en changer.

# 349

Aujourd'hui, beaucoup de gens portent un grand intérêt à la spiritualité, en particulier au bouddhisme, mais ils ne vérifient pas avec suffisamment de soin ce dans quoi ils s'engagent Il faut d'abord être sûr que la voie que vous choisissez correspond réellement à votre nature et à vos aspirations. Demandez-vous si vous êtes capable de la pratiquer et quel bien vous en retirerez. Étudiez ses enseignements fondamentaux. Vous ne pourrez pas tout connaître du bouddhisme avant de vous y être engagé véritablement, mais vous pourrez acquérir une bonne connaissance de ce qui en constitue l'essentiel. Réfléchissez-y ensuite de façon sérieuse. Si après cet examen vous décidez de l'adopter, parfait. Alors seulement vous pourrez vous engager davantage, et au besoin prendre des vœux.

# 350

Dans le bouddhisme, on trouve de nombreuses formes de méditation. Elles peuvent être analytiques, concentrées sur un objet unique, non conceptuelles, absorptions profondes ; elles peuvent avoir pour objet l'impermanence, l'absence d'ego, la souffrance, l'amour, la compassion, et ainsi de suite. Mais pour s'y prendre correctement, il est nécessaire de suivre les instructions d'un maître expérimenté et digne de confiance.



Le maître qui vous enseigne le bouddhisme joue donc un rôle majeur. C'est pourquoi vous devez aussi apprendre quelles sont les qualités d'un maître authentique, vérifier si votre maître les possède, et savoir si vous êtes vraiment décidé à le suivre.

# 351

Agissez avec précaution. Évitez surtout de devenir bouddhiste sans réfléchir, sans rien connaître, simplement parce que l'envie vous prend, pour plus tard vous rendre compte que telle ou telle pratique ne vous convient pas ou vous paraît impossible.

# 352

Certains, en apprenant qu'un lama enseigne quelque part, se précipitent et lui font confiance sans rien savoir de lui, sans avoir pris le temps de vérifier s'il a ou non les qualités requises. Au bout d'un certain temps, ils s'aperçoivent qu'il a des défauts.

Ils entendent dire qu'un lama est près de chez eux et se fient à lui sur-le-champ, sans bien le connaître. Ils reçoivent des enseignements, surtout des initiations, puis un jour leur attitude devient diamétralement opposée. Ils explosent de colère en criant à qui veut l'entendre que ce lama a abusé sexuellement de leur petite amie, et dans la foulée ils s'en prennent au bouddhisme tout entier. Ces gens qui ne font que discréditer les enseignements authentiques se mettent entre les mains de lamas incapables, et c'est le Bouddha qu'ils rendent responsable de leurs déboires. À quoi cela rime-t-il ? Leur attitude n'est pas correcte. Avant de s'engager, il fallait qu'ils se renseignent.

# 353

L'examen préalable d'un maître est une étape très importante que l'on trouve souvent mentionnée dans les textes bouddhistes. Si l'on crée un lien spirituel avec un maître de façon irréfléchie, lorsque les défauts de cette personne mal choisie font surface, on le ressent évidemment comme une catastrophe. Néanmoins, une fois qu'on a reçu des vœux ou des initiations, il est préférable de ne pas donner libre cours à de mauvaises pensées.

# 354

Tout être, quel qu'il soit, possède à la fois des qualités et des défauts. Les textes disent qu'un maître spirituel doit avoir des qualités supérieures aux nôtres, mais en fait qu'est-ce que cela signifie ? Supposons que quelqu'un ait reçu la transmission orale devenue très rare d'un enseignement particulier. Même s'il n'a pas de grandes connaissances, du strict point de vue de cette transmission il possède quelque chose que nous n'avons pas, et en ce sens il nous est supérieur.

# 355

Si nous nous sommes lié spirituellement à un mauvais maître et avons reçu de lui l'enseignement du Bouddha, il est malgré tout digne de notre reconnaissance. Vu sous cet angle-là, il est quelque peu impropre de le considérer comme un être ordinaire ou, pire, de soudain le détester. Même si nous le regrettons, il est devenu notre guide spirituel, et il vaut mieux éviter ce genre d'attitude extrême.

Cela ne veut pas dire qu'il faut absolument continuer à recevoir ses instructions. Nous sommes libre de ne plus le rencontrer. Lorsque vous avez reçu de quelqu'un les enseignements du Bouddha, le mieux, si vous pouvez, est de cultiver la foi envers lui. Si ce n'est pas possible, restez neutre, sans bonne ni mauvaise pensée.

# 356

Ne vous attendez pas, en pratiquant le bouddhisme, à aussitôt voler dans le ciel, traverser la matière et connaître l'avenir. Le but principal de la pratique est de maîtriser son esprit, non d'acquérir des pouvoirs miraculeux. Il se trouve que lorsqu'on maîtrise son esprit on obtient peu à peu, et accessoirement, des pouvoirs dits « miraculeux ». Mais si l'on en fait son objectif principal, je doute sérieusement que ce que l'on pratique soit le bouddhisme. Les non-bouddhistes ont aussi ce genre de pouvoirs. Il paraît même qu'à une époque le KGB et la CIA s'y intéressaient. Soyez donc sur vos gardes.

## 357

Dans la pratique spirituelle, au début on est souvent plein de courage, puis on attend des résultats, et finalement on se lasse et l'on devient blasé. C'est le signe qu'on a une vue trop courte. Espérer un résultat rapide est une erreur, à moins de faire des efforts comparables à ceux du grand yogi Milarepa. N'est-il pas significatif qu'il ait fallu au Bouddha, disent les textes, trois « grands éons incalculables[1] » pour atteindre l'Éveil total ? Comment penser qu'on puisse y parvenir en quelques années de retraite ? Cela montre qu'on ne connaît pas les enseignements. Prétendre, comme on le fait parfois, qu'en agitant une clochette[2] pendant trois ans on peut atteindre l'état de bouddha n'est pas sérieux.

1. Une durée de temps extrêmement longue, le terme « incalculable » désignant ici le plus grand nombre utilisé pour les calculs dans l'Inde ancienne. *(N.d.T.)*

2. La clochette, qui symbolise la vacuité ou la sagesse, un des aspects les plus profonds du bouddhisme, est très fréquemment utilisée dans les rituels du bouddhisme tantrique. Ici le Dalaï-lama lui donne un sens ironique. Il fustige ceux qui se contentent des rites sans prendre la peine de saisir l'essence des enseignements. *(N.d.T.)*

# 358

Il est excellent de s'enthousiasmer pour la pratique bouddhiste, mais quand on dit que le Bouddha accumula mérites et sagesse pendant trois grands éons incalculables, considérons qu'il faut tout ce temps-là pour parvenir à l'Éveil ultime. Selon le Mahāyāna, le Bouddha avait depuis longtemps atteint l'Éveil dans le corps de sagesse. Il prit ensuite l'aspect du corps d'apparition et fit comme s'il recommençait le processus de l'Éveil depuis le tout début. Mais à nouveau, n'avait-il pas une raison d'agir ainsi ? Nous qui apprenons à suivre ses traces, ne manquons jamais de réfléchir au fait que, même dans sa dernière existence, il consacra encore six ans à pratiquer des austérités. Cela nous empêchera peut-être d'avoir une vision trop courte.

# 359

On dit, il est vrai, que par la voie rapide du Vajrayāna il est possible d'atteindre l'état de bouddha très rapidement, sans abandonner les émotions négatives. Mais ce n'est pas sans risque. Dans la biographie de Milarepa, un lama lui dit : « Celui qui médite mon enseignement le jour devient bouddha le jour, celui qui le médite la nuit devient bouddha la nuit, et les êtres chanceux qui ont un karma favorable n'ont pas même besoin de le méditer. » Milarepa, sûr et certain qu'il était un de ces êtres chanceux, se contenta alors de dormir. Si l'on fait ce genre de contresens, on risque de s'enflammer au départ mais de se lasser très vite. Si en revanche notre enthousiasme est fondé sur une réelle connaissance du fonctionnement de la voie, il ne faiblira pas. Comprendre cela est essentiel.

# 360

Les religions enseignent des préceptes ou des règles morales qui servent à mettre en valeur les qualités humaines. Certains, dans le bouddhisme en particulier, négligent cet aspect moral et ne s'intéressent qu'à la méditation, dont ils espèrent des effets miraculeux. Quand ils voient que rien de tel ne se passe, ils sont forcément déçus.

# 361

Le but de la pratique n'est pas d'obtenir des pouvoirs miraculeux mais de transformer notre être. Le principal problème est que nous ne sommes pas prêts à y consacrer le temps nécessaire. Nous pensons qu'il a fallu des éons au Bouddha, mais qu'en deux ou trois ans nous serons sorti d'affaire. C'est pourquoi, à mon sens, la voie du Mahāyāna est indispensable. Une fois que l'on possède une bonne connaissance de cette voie, si l'on éprouve un intérêt de plus en plus grand pour le Vajrayāna, on sera alors suffisamment déterminé à poursuivre, même si cela prend trois éons. Muni d'un tel courage, on pourra pratiquer le Vajrayāna comme moyen d'engendrer facilement le calme mental et la vision profonde, et on aura les meilleures chances de réussir.

# 362

À l'inverse, si on se précipite dans le Vajrayāna sans avoir acquis de solides fondements, on risque de penser qu'on peut sans problème atteindre l'état de bouddha, comme il est dit, « en une seule vie et un seul corps ». On peut aussi assimiler la déité illusoire sur laquelle on médite au créateur de l'univers et penser que si on a foi en elle, elle nous accordera des pouvoirs, une longue vie, la richesse et je ne sais quoi encore[1]. On ne s'attache alors pas au but principal de la pratique, qui est de maîtriser son esprit et de se libérer des poisons mentaux, et on accorde une grande importance à l'accessoire.



1. Les « déités » sur lesquelles médite le pratiquant du bouddhisme vajrayāna ne sont pas des dieux extérieurs à soi mais des formes représentant sa propre réalité intérieure, sa nature ultime, dans le but de transformer son esprit. *(N.d.T.)*

# 363

Certains n'ont pas particulièrement foi dans l'enseignement du Bouddha, mais s'y intéressent de façon purement académique. D'autres ont foi dans cet enseignement mais se contentent de l'étudier intellectuellement et d'en acquérir une connaissance purement théorique. Le problème est que le seul but de cet enseignement est de nous aider à transformer notre être, pas d'acquérir un savoir de plus. Si après l'avoir appris nous ne le mettons pas en pratique par la méditation, il ne sert strictement à rien. On court le risque de devenir ce qu'on appelle un « bouddhiste blasé », quelqu'un qui connaît l'enseignement du Bouddha en théorie, qui sait en parler, mais qui en ignore le « goût » parce qu'il ne l'a pas transformé en expérience vivante. En revanche, quand on applique cet enseignement à l'intérieur de soi, on en découvre la véritable saveur et le risque de devenir blasé s'évanouit. Il faut donc mêler intimement l'enseignement à son esprit. Connaissance et pratique doivent aller de pair.

# 364

Ceux qui veulent connaître la vie contemplative et faire de longues retraites, comme la retraite de trois ans qui se pratiquait traditionnellement au Tibet, doivent suffisamment s'y préparer au moyen des « préliminaires[1] ». Rester enfermé entre quatre murs sans avoir accompli correctement ces pratiques qui permettent de tourner son esprit vers la voie spirituelle ne diffère guère d'un séjour en prison. Si au moment de méditer on récite simplement des mantras sans vraiment penser à quoi que ce soit, la retraite ne servira pas à grand-chose. On l'aura commencée comme un être ordinaire, et à la fin rien n'aura changé. De surcroît, on sera plus orgueilleux qu'avant, car on se dira qu'on est resté reclus pendant trois ans et qu'on mérite le titre de « lama ». À quoi bon ?



Par contre, accomplir les préliminaires avec soin, puis s'adonner régulièrement à la pratique principale, et ensuite seulement effectuer une retraite de trois ans, c'est être certain qu'à la sortie on sera capable de penser, de parler et d'agir différemment. On se sera au moins discipliné, et c'est déjà bien.

1. Les « préliminaires » sont des pratiques servant à préparer l'esprit à recevoir et à mettre en œuvre les pratiques dites « principales ». *(N.d.T.)*

# 365

Si votre désir en tant que bouddhiste est de vous consacrer aux œuvres humanitaires, c'est une bonne chose. Vérifiez que votre intention soit parfaitement pure. Néanmoins, l'action sociale n'est pas en soi une forme engagée du bouddhisme si elle ne s'accompagne pas d'amour et de compassion et si on ne prend pas refuge dans le Bouddha[1].

C'est pourquoi vous devrez consacrer une partie de votre temps à des périodes de pratiques pendant lesquelles vous prendrez refuge et vous méditerez sur l'impermanence, la souffrance, etc.

1. Prendre refuge est l'une des pratiques de base du bouddhiste. Cela signifie prendre le Bouddha pour guide, son enseignement pour voie et la communauté des pratiquants pour compagnons sur la voie. À un niveau plus profond ou à un stade ultérieur de la pratique, cela consiste à reconnaître sa propre nature ultime comme le Bouddha lui-même. *(N.d.T.)*

# Table

*Impression réalisée sur CAMERON par*

BUSSIÈRE CAMEDAN IMPRIMERIES

GROUPE CPI

*à Saint-Amand-Montrond (Cher)*
*en mai 2003*

Composition par Nord Compo
à Villeneuve d'Ascq

N° d'édition : 947. — N° d'impression : 032422/4.
Dépôt légal : mai 2003.

*Imprimé en France*